项目基金资助：

国家体育总局体育社会科学研究项目（项目编号：967SS06099）

天津体育学院博士科研启动经费资助

高校社科文库
University Social Science Series

教育部高等学校
社会科学发展研究中心

汇集高校哲学社会科学优秀原创学术成果
搭建高校哲学社会科学学术著作出版平台
探索高校哲学社会科学专著出版的新模式
扩大高校哲学社会科学科研成果的影响力

# 我国"后奥运时代"体育
# 管理组织系统的优化与重构

## A Study on the Optimization Disposition of National Sport Managerial System in Post-Olympic Games Period

赵　晶
闫育东 / 著

光明日报出版社

**图书在版编目（CIP）数据**

我国"后奥运时代"体育管理组织系统的优化与重构 / 赵晶，闫育东著．
－－北京：光明日报出版社，2011.6（2024.6 重印）

（高校社科文库）

ISBN 978－7－5112－1320－4

Ⅰ．①我…　Ⅱ．①赵…　②闫…　Ⅲ．①体育—管理组织学—研究—中国

Ⅳ．①G812.1

中国版本图书馆 CIP 数据核字（2011）第 114364 号

**我国"后奥运时代"体育管理组织系统的优化与重构**
**WOGUO "HOUAOYUN SHIDAI" TIYU GUANLI ZUZHI XITONG DE**
**YOUHUA YU CHONGGOU**

著　　者：赵　晶　闫育东

责任编辑：田　苗　王　婧　　　　责任校对：李　勇
封面设计：小宝工作室　　　　　　责任印制：曹　净

出版发行：光明日报出版社
地　　址：北京市西城区永安路 106 号，100050
电　　话：010-63169890（咨询），010-63131930（邮购）
传　　真：010-63131930
网　　址：http://book.gmw.cn
E－mail：gmrbcbs@gmw.cn
法律顾问：北京市兰台律师事务所龚柳方律师

印　　刷：三河市华东印刷有限公司
装　　订：三河市华东印刷有限公司
本书如有破损、缺页、装订错误，请与本社联系调换，电话：010-63131930

开　　本：165mm×230mm
字　　数：202 千字　　　　　　　印　　张：11.25
版　　次：2011 年 6 月第 1 版　　 印　　次：2024 年 6 月第 2 次印刷
书　　号：ISBN 978－7－5112－1320－4－01
定　　价：55.00 元

# 前　言

　　近年来，随着国际全球化战略的影响及中国社会主义市场经济体制变革与体育管理系统内部的改革深化，"体育发展战略研究"现已成为 21 世纪中国体育事业如何发展、如何完善、如何创新的战略性抉择与战略性课题。

　　伴随着 2008 年北京奥运圣火的徐徐熄灭，盘点"奥运金牌代价"、"奥运低谷效应"、"奥运举国体制"、"奥运冠军之路"与"全民健身活动"、"全民健康质量"之功效已深受国人瞩目。因此，客观地分析"后奥运时代"中国体育管理组织系统的发展走向，科学地谋划"后奥运时代"中国体育管理组织系统的优化构想，将对于中国体育事业的可持续发展产生积极而深远地影响。

　　本研究抓住这一难得的历史机遇，在深刻探讨中国政治、经济、文化背景，反思中国体育事业改革 50 年沧桑历程，质疑实践困惑的基础上，提出以"管理学作为基础平台、以系统原理作为支撑平台、以组织职能作为剖析平台、以后奥运时代作为聚焦平台、以资源的优化配置作为创新平台"来构筑本研究的理论体系。紧密围绕"后奥运"这一时代主旋律，力求从"纵向与横向"两个方面，从"体育、教育与社会"三个系统，去研究、探讨现阶段在我国体育管理体制改革过程中引人关注的"优化配置"问题，并提出"后奥运时代我国体育管理组织系统的优化配置构想"。对于进一步完善我国体育管理组织系统的功能整合、资源配置、优化效率将产生积极而深远的影响。

　　此书是著者多年潜心钻研的研究成果，也是著者学术思想与学术理念的体现。学术思想崇尚"百花齐放，百家争鸣"，因此，本书出版后也期待着各位学者多提宝贵意见。由于著者水平有限，不足之处，敬请批评指正。

# CONTENTS 目 录

# 第一章

# 导　论

## 第一节　选题依据

现代汉语词典对"时代"一词的解释为"系指历史上以经济、政治、文化等状况为依据而划分的某个时段"①。"后奥运"通俗地讲是指"奥运会结束之后"。现阶段，"后奥运"一词在体育理论界频繁亮相，其主要着眼点即在于对"举办国奥运会后的后续影响及发展走向"的研究。本研究以"后奥运时代"这一在我国经济、政治与文化背景下所形成的特定历史时段作为研究对象，即着眼于"举国上下"密切关注与高度重视的"2008 年北京奥运会"，北京奥运会的结束，即标志着"后奥运时代"的到来。清醒地分析、冷静地思考、客观地评判、科学地谋划"后奥运时代"中国体育管理组织系统的发展走向，将成为体育理论界必须认真面对与全面审视的重要课题，因此，在"后奥运时代"到来之际，深入地探讨"中国体育管理组织系统"所面临的新时代、新挑战与新机遇将是本研究的"引思"所在。

### 一、中国的奥运情结

追溯中国与奥运会的历史情结，从 1952 年新中国首次参加奥运会爆发的海峡两岸争夺国际奥委会合法席位的斗争，到中国奥委会退出国际奥委会组织，再到 1979 年 11 月 26 日国际奥委会执委会在"名古屋会议"上恢复我国在国际奥委会中的合法地位，再到 2008 年 8 月 8 日奥运圣火在中国的北京点燃，中国奥运史历经半个多世纪的沧桑巨变，终于以"展国威、振国志、扬

---

① 中国社会科学院语言研究所词典编辑室. 现代汉语词典［M］. 北京：商务印书馆，2003. 35.

国气"向全世界证明了中华民族在政治、经济、文化及体育等领域所取得的快速发展与长足进步。

追溯中国与奥运会的金牌情结，从旧中国总共参加 4 次奥运会均以奖牌"零"的结果黯然告终，到新中国从 1984 年第 23 届洛杉矶奥运会实现金牌"零"的突破，再到 2000 年第 27 届悉尼奥运会以 28 枚金牌进入金牌总数和奖牌总数三甲行列，2004 年第 28 届雅典奥运会获得 32 枚金牌，以金牌总数第二名的优异成绩，再次取得历史性的突破。2008 年第 29 届北京奥运会中国以 51 枚金牌，首次登顶金牌总数第一名的席位。一步一个台阶段，中国的奥运金牌史谱写了中国竞技体育日新月异的发展历程。

追忆中国的奥运情结可以使我们更好地缅怀过去、珍惜现在、开拓未来。2008 年北京奥运会现已成为中国体育事业实现跨跃式发展的重要里程碑。

**二、引导中国体育事业发展的重要"纲领"**

在此，本研究将列举几个在国内备受瞩目的与中国体育事业改革息息相关、具有战略指导意义的重要"纲领"，进而从"哲学"的角度，以"辩证"的观点，冷静地分析"奥运现象"。

（一）后奥运效应

"后奥运"效应是一种和奥运会密切相关的效应，主要是指在奥运会举办后的近几年里为奥运会举办国带来的直接或间接的综合效应。奥运会促进了主办国政治文化的传播，带动了主办国经济的迅速发展，提高了主办国的体育竞技水平。在奥运周期结束之后，各主办国都出现了不同程度的"后奥运"效应，其主要表现为"文化效应"、"政治效应"、"经济效应"、"低谷效应"和"虹吸效应"等。

（二）竞技体育的举国体制

竞技体育"举国体制"形成于 20 世纪 50 年代，定型于 20 世纪 80 年代，其特点是国家实施以政府为主体的体育体制，运用行政手段管理体育事务，采用计划手段配置体育资源。我们在正视"举国体制"为中国竞技体育赢得辉煌的同时，也应正视其存在的问题。其突出表现为：脱胎于我国计划经济体制下的竞技体育运行模式如何适应市场经济体制的变革与发展，如何转变"强政府"与"弱社会"的体育管理模式，如何完善政府、社会与市场三者之间的职能定位。

（三）奥运争光计划

1995 年 7 月 6 日，国家体委制订并颁布实施了《奥运争光计划（1994 ~ 2000）》，该计划对我国竞技体育的改革与发展产生了积极而深远的影响。我们在正视其所取得的"辉煌"竞技体育成绩的同时，也应正视其存在的问题。其突出表现为：竞技体育事业经费短缺，运动项目布局不合理，运行机制调控不力，管理体制尚未健全，竞技人才流动不畅等。

（四）全民健身计划

1995 年《全民健身计划纲要》的颁布与实施是 21 世纪中国群众体育的宣言书，是我国实行改革开放政策在体育领域的延伸，是一项跨世纪的体育发展规划。我们在正视"全民健身计划"为中国群众体育事业带来勃勃生机的同时，也应正视其存在的问题。其突出表现为："竞技体育"与"群众体育"孰轻孰重的矛盾，"竞技体育"金牌数量与"群众体育"健康质量的矛盾，"竞技体育"高投入与"群众体育"低供给的矛盾，"竞技体育"集权管理与"群众体育"零散管理的矛盾等。

（五）经济全球化

所谓全球化是指人类社会生活跨越国家和地区界限，在全球范围内展现全方位沟通、联系以及相互影响的客观历史进程与趋势。经济全球化所带来的最大益处是实现了世界资源的最优配置。在经济全球化浪潮的强烈冲击下，脱胎于计划经济体制下的我国体育运动管理方式在融入世界经济全球化过程中日益暴露出诸多问题。其突出表现为：体育运行机制应尽快实现从"计划"向"市场"的转变，从"小政府"向"大社会"的转变，从"行政化管理"向"法制化管理"的转变等。

（六）小康社会

在党的十六和十七大工作报告中，均分别对全面建设小康社会提出了新的目标与要求，它是党充分考虑当今中国的发展实情，结合国际发展的大背景，高屋建瓴，对中国未来发展走向的准确把握。2002 年 8 月，国务院召开全国体育工作会议，颁发了《中共中央国务院关于进一步加强和改进新时期体育工作的意见》，力求体育在小康社会中发挥更大的社会效应。我们在正视"小康社会"预示着"有闲"时代的到来，预示着人们对追求生命价值给予更高诠释的同时，也应正视其存在的问题。其突出表现为：建立在计划经济基础上的中国体育管理体制改革的迫切性，"奥运战略"与"全民健身战略"协同发展的必然性，体育运动从"工具"到"玩具"转变的客观性等。

　　本文在此所列举的上述重要"纲领"是近半个世纪以来与中国社会发展进程密切相关，指导中国体育事业改革的导向性"纲领"。我们在为中国竞技体育事业所取得的伟大成就而欣喜之际，也应该冷静地分析中国竞技体育运动的发展与上述"纲领"之间存在的"不和谐"音符。2008年北京奥运圣火已经熄灭，此刻也正是我们重新审思"奥运金牌代价"、"奥运低谷效应"、"奥运举国体制"、"奥运冠军之路"与"全民健身活动"、"全民健康质量"孰轻孰重之时。因此，客观地分析"后奥运时代"中国体育管理组织系统的发展走向，科学地谋划"后奥运时代"中国体育管理组织系统的优化构想，对于中国体育事业的可持续发展将产生积极而深远地影响。

## 三、引导本文研究的主要"学术思想"

　　系统科学是20世纪40年代发展起来的一组新兴学科群，它是20世纪人类最伟大的成就之一，是人类认识史上的一次飞跃。它以"系统"为研究对象，从不同侧面揭示了事物的本质规律①。系统科学理论认为："任何一种组织都可被视为一个完整的、开放的系统或为某一大系统中的子系统，管理是合理配置组织资源以达到组织目标的过程。这种追求组织最优配置的过程真正体现了系统最优化的思想实质。管理就是根据一个系统所固有的规律，施加影响于这个系统，从而使这个系统呈现出一种新状态的过程"②。

　　本研究获益于系统科学理论的启发，将"后奥运时代我国体育管理的组织系统优化与重构"作为一项系统工程，置于改革的动态之中，运用有效的管理手段，从而使"后奥运时代"我国体育管理的组织结构与及组织资源（人力、财力、物力等资源）达到最优化的配置与整合。在本研究过程中将涉及到：对我国现行的体育管理组织结构合理性的思辨、管理体制有效性的思考、管理主体格局多元性的反思、管理资源分配单一性的研究等。通过对上述问题引思，提出"后奥运时代我国体育管理组织系统优化与重构"的对策及建议。

　　①　秦椿林等．体育管理学—高等学校教材［M］．北京：高等教育出版社，2002. 40～41.
　　②　李程伟．行政学基础教程［M］．北京：华文出版社，1999. 25～27.

## 第二节　研究思路

本世纪初，从"全面建设小康社会奋斗目标"的提出，到"健康素质与思想道德素质、科学文化素质"被确立为构成全民族的三大素质，再到"全民健身体系"第一次与"现代国民教育体系、科技和文化创新体系、医疗卫生体系"一起构成了文化建设的五大体系，从而使我国的体育事业获得从未有过的社会地位和发展环境，也需要承担从未有过的历史责任和社会贡献。在充满机遇与挑战的 21 世纪，如何在政府与社会、计划与市场、坚持与完善、发展与创新的过程中寻求"体育改革"的最佳结合点，建立有中国特色的"和谐"体育，将成为"后奥运时代"中国体育事业发展的战略诀择。为深入地做好本研究工作，本文确定如下研究思路。

### 一、研究内容

对"后奥运时代"我国体育管理组织系统进行优化与重构是一项复杂的系统工程，其中将涉及到多门学科、多种知识、多类方法。在此，本文将试图完成如下研究内容：

（一）研究理论平台的构建与阐释。

（二）我国体育管理的组织结构现状剖析。

（三）我国体育管理的组织资源现状剖析。

（四）"后奥运时代"我国体育管理的组织系统优化配置构想。

### 二、研究对象

"后奥运时代"我国体育管理组织系统的优化与重构。

### 三、调查对象

为全面、深入、系统、客观地了解、分析与论证本研究内容，本研究分别对我国部分高校中从事管理学、社会学、经济学等研究领域的专家与学者进行了访谈。通过访谈，不但增长了知识、拓展了思路、理清了脉络，而且获取了大量与本研究相关的资料与素材，根据研究需要，制定了以体育社会学领域专家为主要调查对象的两套调查问卷。

（一）问卷的发放与回收

向专家共发放两套调查问卷（一套是对我国体育管理组织系统现状构建的调查问卷；另一套是对我国体育管理组织系统优化配置模式构建的调查问卷）。两套调查问卷分别发放 22 份；回收率分别为 100.0% 和 90.0%（见表 1－1）。

表 1－1　问卷的发放与回收情况统计

| 问卷类别 | 发放问卷 | 回收问卷 | 有效问卷 | 回收率% | 有效率% |
|---|---|---|---|---|---|
| 我国体育管理组织系统现状的构建 | 22 | 22 | 22 | 100.0 | 100 |
| 我国体育管理组织系统优化配置模式的构建 | 22 | 20 | 20 | 90.0 | 100 |

（二）问卷的效度检验

为保证调查问卷的质量，问卷初稿设计完成后，呈送相关院校专家进行审核评价。在充分参考专家意见的基础上，问卷内容经过补充与反复修改后，15 位专家对两套问卷的内容和结构进行了效度检验（见表 1－2）。

表 1－2　进行效度检验的专家情况统计表　　（N＝15）

| 职称（职务） | 人数 | 百分比% |
|---|---|---|
| 教授 | 10 | 66.6 |
| 副教授 | 2 | 13.4 |
| 国家体育总局官员 | 3 | 20.0 |

效度检验采用对问卷作定性评价的方式，按 A 很完善、B 比较完善、C 基本完善、D 不太完善、E 很不完善等 5 个等级对两套调查问卷的结构与内容进行评价。

从反馈结果看，90.0%以上的专家对问卷的效度予以肯定，表明两套调查问卷所列的调查内容和结构能够满足本论文的研究需求，具备有效性。（见表1－3）

表1－3　问卷效度评价结果统计表　　（N＝15）

| 内容 | 效度 | 很完善 | 比较完善 | 基本完善 | 不太完善 | 很不完善 |
|---|---|---|---|---|---|---|
| 专家问卷1（组织系统现状构建） | 人数 | 10 | 3 | 1 | 1 | 0 |
| | 百分比% | 66.6 | 20.0 | 6.7 | 6.7 | 0 |
| 专家问卷2（优化配置模式构建） | 人数 | 11 | 2 | 1 | 1 | 0 |
| | 百分比% | 73.2 | 13.4 | 6.7 | 6.7 | 0 |

（三）问卷信度检验

为保证调查材料的可靠性，对调查结果进行了问卷的"内部一致性"信度检验，经费朗纳根公式计算[1]，得出两套调查问卷的信度系数分别为0.90、0.88（信度系数达到0.80以上[2]，认为调查材料较为可靠），进而证实了本问卷调查结果的可靠性。

四、创新程度

本文所提出的对"后奥运时代"我国体育管理组织系统优化配置的构建设想，是在深入探讨中国政治、经济、文化背景，反思中国体育事业改革50年沧桑历程，质疑实践困惑的基础上，通过理论论证，大胆提出的改革构想。其构想以建立有中国特色的社会主义市场经济体制为背景，以实践为依托，对于进一步完善与创新我国体育管理组织系统的功能整合、资源配置、优化效率将产生积极而深远地影响，为全面营造"后奥运时代"中国体育事业可持续发展的战略环境提供参考依据。其理论研究具有适时性、实效性、应用性与创新性。

---

① 戴忠恒. 社会调查研究方法 [M]. 北京：人民出版社，1988.34.
② 郑旗等. 现代体育科学研究的理论与方法 [M]. 北京：人民体育出版社，2001.56.

# 第二章

# 研究理论平台的构建与阐释

"本研究将以管理理论作为基础平台、以系统原理作为支撑平台、以组织职能作为剖析平台、以后奥运时代作为聚焦平台、以资源的优化配置作为创新平台来构建本研究的理论平台"。

——著者

## 第一节　研究的基础平台——管理理论

### 一、"管理理论"的研究进展

管理是一切组织不可缺少的活动，无论是政府、企业、学校还是体育运动，为了其自身的延续和发展，都离不开管理。管理工作的目标是合理使用组织中的人、财、物力资源，以达到最优的效益与最佳的产出。

伴随着人类社会漫长的发展历程，"管理理论"也经历了从无到有、从简到繁的发展过程。从古代零碎分散的管理思想与实践，到以泰罗的科学管理理论和法约尔的组织管理理论为代表的古典管理理论，再到以梅奥的人际关系学说和马斯洛的需要层次理论及麦克雷格的"X、Y理论"为代表的行为科学管理学说，最后到当代的各种管理理论和流派的萌生与发展，每一次重大的科技革命，每一次社会形态和经济体制的重大变动，均为管理理论的发展提出了新要求，又为之提供了新动力，促使管理理论不断地创新与完善。

### 二、"管理理论"的概念阐释

关于"管理"本身的概念，不同的学者从不同的角度出发，给"管理"

下了不同的定义。现阶段，通常将"管理"定义为①：管理是指人们为了实现系统的目标，不断提高系统的功效而进行的计划、组织、控制等一系列综合活动。

管理学，是人类长期从事管理实践活动的科学总结，是以组织为重点，研究管理活动过程及其基本规律和一般方法的科学②。

根据对"管理"概念的分析，可以对体育管理概念作如下表述③：体育管理是指一定体育组织中的管理者，通过实施决策、组织、领导、控制、创新等职能，协调体育管理客体的活动，实现既定目标的活动过程。

### 三、"管理原理"的理论阐释

（一）"管理原理"的概念

原理④，是对客观事物的实质及其基本运动规律的表述，具有普遍意义的道理，或在一定时间内为人们所相信的真理。

科学管理创始人泰罗曾指出："最好的管理是一门真正的科学，它是以明确的规律、法则和原理为基础的。"管理原理既是管理学的重要组成部分，又是管理学的基础，是管理活动的行动指南，是实施管理职能的理论依据，反映着管理活动的客观规律。

管理原理⑤，是对管理工作的实质内容进行科学分析总结而形成的基本规律，是对现实管理现象的抽象，是对各项管理制度和管理方法的高度综合与概括，是对管理的实质及其客观规律的表述。

（二）"管理原理"的划分

《体育管理学》教材中对体育管理思想及其规律可以概括为⑥：系统分析，突出整体效应思想，即系统原理；以人为中心的管理思想，即人本原理；从实际出发，进行动态的、弹性的管理思想，即动态原理；围绕体育管理目的，突出管理效益的管理思想，即效益原理；以体育管理的基本职能、基本方法为依据的责任原理。（见图2－1）

---

①　韩东等. 体育管理学［M］. 北京：人民体育出版社，1987. 31～32.

②　吴熙云等. 管理学原理［M］. 北京：经济管理出版社，2003. 25～26.

③　韩东等. 体育管理学［M］. 北京：人民体育出版社，1987. 31～32.

④　秦椿林等. 体育管理学—高等学校教材［M］. 北京：高等教育出版社，2002. 38.

⑤　同④

⑥　孙汉超等. 实用体育管理学［M］. 北京：人民体育出版社，2004. 83～84.

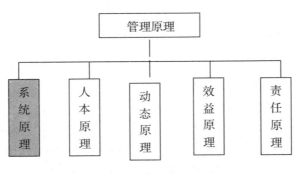

图 2 – 1　"管理原理"的划分

### 四、"管理职能"的理论阐释

（一）"管理职能"的概念

职能①，即包括"行为"、"活动"之意。管理职能，是指管理作为一个工作过程，管理者在这个过程中要发挥的作用。

（二）"管理职能"的划分

管理是在组织中进行的，为了有效地实现组织目标，就必须通过一些具体职能来达到这一目标，这里的"职能"具有"活动"的涵义。尽管国内外管理学者对管理职能的划分各不相同，但也均能对管理内容作基本概括。区别多是对各个职能界定范围宽窄不同，所赋予的定义存在着差异。一般来说，按照计划、组织、领导和控制四项职能进行划分（图 2 – 2），可以表达管理系统在实施管理过程中所应具备的主要职责和功能。因此，本文也将这四项职能作为管理的基本职能。

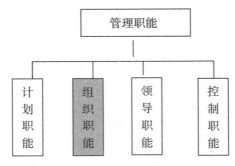

图 2 – 2　"管理职能"的划分

---

①　秦椿林. 体育管理学［M］. 北京：高等教育出版社，2002. 49.

### 五、关于"我国体育管理体制改革"的研究概况

"坚持以改革促发展，努力推进体育体制改革和运行机制转变；重视体育制度的创新，切实把体育事业的发展方式从行政型转为社会型。理顺各类体育组织之间的关系，充分发挥各自的作用。从中央到地方形成层次清晰、功能明确、科学有序的新体制。"

——《2001～2010 年体育改革与发展纲要》国家体育总局 2000.12.15

党的十一届三中全会以来，在党的基本路线指引下，党和国家在对我国整体改革进行部署的同时，也明确地对体育管理体制改革提出了要求。在 1995 年颁布的《中华人民共和国体育法》中专门规定："国家推进体育管理体制改革。"1997 年党的十五大报告中再次强调："积极推进卫生、体育事业的改革和发展。"中共中央国务院在《关于进一步加强和改进新时期体育工作的意见》中指出："为适应社会主义市场经济的发展，深化我国体育管理体制改革已势在必行。"国家体育总局在《2001～2010 年体育改革与发展纲要》中明确地提出了"深化体育管理体制改革，加速体育机制转换"等一系列的任务与措施。综上所述，体育管理体制改革已成为中国体育事业发展的必然走向，在改革中求生存、在改革中求发展、在改革中求繁荣，在改革中创造中国体育事业更加美好的未来。

所谓"体制"①《辞海》中将其定义为是指政府机关、企业单位和事业单位机构的设置和权力划分等方面的体系和制度的总称。"体育管理体制"②，是指国家机关、企业事业单位在一定历史时期体育系统内的机构设置、领导隶属关系和管理权限划分等方面的体系、制度、方法、形式等的总称，是实现国家体育总目标的组织保证，是各国政治制度的重要组成部分。体育管理体制的形成与发展是各种因素共同作用的结果，其中国家的政治、经济体制是最主要的因素；国家的经济发展程度、人民生活水平、文化传统、体育发展趋势等因素也在不同程度上对体育管理体制的形成与发展产生深远地影响。

近年来，国内的一些专家、学者针对我国体育管理体制的现状及发展趋势

---

① 夏征农.辞海［M］.上海：上海辞书出版社，1999.78.

② 孙汉超等.实用体育管理学—体育院校专业教材［M］.北京：人民体育出版社，2004.209～210.

也进行了广泛而深入地研究。

李艳翎在《论我国竞技体育体制的渐进式改革》① 一文中指出，新时期竞技体育体制的渐进式改革有利于竞技体育的平稳发展，有利于利益主体的发育，但也存在一些问题：如原有的行政系统内的权力下放和市场机制的矛盾；传统体育的计划调节方式与市场调节方式并存的矛盾；在双重体制中地位不同的利益主体之间的矛盾；体育行政部门与协会之间的矛盾；利益摩擦产生的寻租现象等。

齐书春在《从社会分化看我国体育管理体制的衍变与发展》② 一文中指出，市场经济的快速发展加剧了社会的分化，胎生于社会主义市场经济的中国体育事业也正在经历一个分化的过程。相对于计划经济体制下的举国体制，分化了的体育管理体制将实现国家依据法律、法规宏观管体育，社会微观办体育的目标。

杨桦在《改革开放以来中国体育发展战略的演进与思考》③ 一文中指出，20世纪80年代以来，在国家改革开放旗帜下，有三次重大战略决策的制定与实施对中国体育事业的发展起到了至关重要的推动作用。它们分别是：70年代末80年代初奥林匹克战略的制定与实施；80年代中期体育社会化战略的制定与实施；90年代初体育市场化改革战略的制定与实施。这三次重大战略决策的制定与实施，就像三次浪潮，一浪接一浪地推动着中国体育事业的发展。20世纪以来，中国体育事业发展的事实证明，发展才是硬道理，改革是发展的根本动力，只有坚持改革并不断将改革引向深化，21世纪的中国体育事业才能真正做到持续、健康、快速的发展。

刘东锋在《中国体育管理体制改革的路径选择》④ 一文中，以"治理理论"为框架，分析了目前我国体育管理体制所面临的问题及改革的方向。认为体育主管部门要转变"治理"方式，由"划桨型"政府向"掌舵型"政治转变，更多地依赖制度、法律等宏观管理手段实现对体育事业的"治理"。进

① 李艳翎. 论我国竞技体育体制的渐进式改革 [J]. 体育科学，2002（1）：27～30.

② 齐书春等. 从社会分化看我国体育管理体制的衍变与发展 [J]. 南京体育学院学报，2003（3）：40～42.

③ 杨桦等. 改革开放以来中国体育发展战略的演进与思考 [J]. 成都体育学院学报，2002（3）：1～7.

④ 刘东锋. 中国体育管理体制改革的路径选择 [J]. 成都体育学院学报，2005（2）：20～23.

一步向市场和社会下放权力，扩大运动项目协会的自主权，使协会成为独立的社团法人，鼓励和支持第三部门参与提供体育健身娱乐产品与服务，制定相应的产业扶持政策，推动体育的职业化、产业化，发挥市场在资源配置方面的优势等。

肖林鹏在《中国体育管理体制改革研究述评》① 一文中，通过回顾与总结中国体育管理体制改革研究的基本状况，认为中国体育管理体制改革是内因与外因交互作用的结果，中国体育管理体制改革的最终目标是建立符合中国实际国情的、良性运行的体育管理体制及运行模式。目前，中国的体育管理体制改革呈现出鲜明的过渡型特征。中国体育管理体制改革虽然取得了一定的实效，但也存在着某些问题与不足。

谢英在《21 世纪初我国竞技体育管理体制与运行机制研究》② 一文中指出，现阶段我国体育管理运行机制存在的问题为：管理权限过于集中；管理制度不健全；资金保障体系不健全，社会化程度低等。我国未来的竞技体育管理体制应为：实现政府调控下的市场配置；建立符合我国国情的组织发展模式，提高管理效率；采取政府管理，运动项目协会办理为主的管理体制，注重社会个体的发展和自主决策；加强竞争机制在体育组织结构中的作用。

于善旭在《关于我国体育管理体制改革的战略构想》③ 一文中指出，未来我国体育管理体制改革的战略目标为：到 2010 年基本形成与社会主义市场经济体制和社会全面进步相适应、保障国家和社会共同兴办体育事业、符合现代体育发展规律、促进各类体育协调持续快速健康发展、组织与结构科学有序、具有中国特色的社会主义体育管理体制和运行机制。体育管理体制改革的战略部署为：切实保证各级政府对体育工作的宏观管理；改革和设置好各级政府的体育行政部门；加强多种行政权力对体育管理的投入；进一步转变体育行政管理的方式；支持和推进体育社会团体的实体化建设；建立高素质的体育行政管理队伍。

---

① 肖林鹏. 中国体育管理体制改革研究述评 [J]. 西安体育学院学报, 2005 (1): 23～27.

② 谢英. 21 世纪初我国竞技体育管理体制与运行机制研究 [J]. 西安体育学院学报, 2002 (4): 11～13.

③ 于善旭. 关于我国体育管理体制改革的战略构想 [J]. 山东体育学院学报, 2001 (4): 7～13.

姜君利在《市场经济条件下我国体育管理体制的改革》① 一文中指出，体育管理体制改革的主要内容为：改革庞大的政府型体育管理机构和管理方式，把管理重点转移到运用法律、经济、政策和必要的行政手段来引导和规范体育组织的发展；遵循市场规律，培育体育市场；加强监督管理，确保体育事业的健康发展。

肖进勇在《现阶段我国体育行政管理改革的成效与不足》② 一文中指出，现阶段体育行政管理的难点和问题为：行政管理主体资格不明确，体育管理部门具有双重主体资格；管理对象不一致造成管理不统一；体育经济政策不配套，没有形成法制化。因此，现阶段应运用经济、法律的手段进行管理，改变投资结构，改革拨款办法；面向社会开放，拓宽融资渠道；引导社会办体育，引进多种经济成分。

王丽娟在《中国体育管理体制改革二十年》③ 一文中指出，未来体育管理体制发展的趋势应为：在管理权限方面，国家不再包办一切事务，将办体育的权力交给社会去行使，充分发挥基层单位与个人自我管理、自我发展的积极性，国家行政机关只进行宏观的决策、协调、监督，将宏观与微观的管理结合得更紧密、更完善。在机构设置方面，体育总会、中国奥委会等社会体育组织不再有名无实，它们将各自被赋予管理社会体育的权力，运动项目管理中心将逐渐被取代，各单项协会将成为"责、权、利"统一的具有法人资格的实体，负责体育项目的一切事务。

上述专家、学者不仅针对我国体育管理体制改革的发展历程进行了全面、准确与客观地评述，而且也针对当前我国体育管理体制改革中急需解决的问题进行了分析。本人在对上述研究论点进行归纳、总结的基础上，认为现阶段深化我国体育管理体制改革的核心任务应为：转变体育行政部门的职能，实行政事分开、管办分离。根据社会发展需要，逐步明确体育行政部门和社会体育管理组织的权限划分，逐步建立与完善"政府管、社会办"的新型体育管理体制。

---

① 姜君利. 市场经济条件下我国体育管理体制的改革 [J]. 体育函授通讯, 2002 (2): 15 ~ 16.

② 肖进勇. 现阶段我国体育行政管理改革的成效与不足 [J]. 成都体育学院学报, 2000 (2): 28 ~ 29.

③ 王丽娟等. 中国体育管理体制改二十年 [J]. 福建体育科技, 2002 (6): 4 ~ 6.

## 第二节　研究的支撑平台——系统原理

"这样一种科学，这样一种方法，对于体育事业乃至振兴中华的伟业来讲，都会起到非常重要的推动作用。对于体育事业来讲，重视系统科学，首先，要把体育事业作为完成振兴中华这样一个大系统当中的一个子系统，一个组成部分，要摆正自己的位置。其次，要把整个体育事业当作一个大系统来抓，其中每一个部分又是它的子系统。用系统科学原理指导体育工作将具有现实而深远的意义。"

——原国家体委主任伍绍祖在《中国体育哲学发展研究会和国家体委系统科学推广工作》会议上的讲话

### 一、"系统原理"的研究进展

在近代历史上，从莱布尼兹、康德、黑格尔到马克思、恩格斯等，对系统思想的发展均做出过重大的贡献。但由系统思想发展到以系统为特定的研究对象，揭示其基本范畴体系及其本质规律，进而逐步形成系统科学，则是在20世纪20年代以后的事情。从经典的系统论、控制论、信息论到现代系统科学的大致形成，则又经历了半个多世纪的发展历程。20世纪60年代中期，系统科学理论开始被广泛地应用于管理领域，促进了管理科学的发展。现代系统科学原理已成为当代科学技术迅猛发展，边缘性、综合性或横向性科学技术不断衍生，社会实践方式与思维方式深刻变革的产物[1]。

### 二、"系统原理"的概念阐释

所谓系统，韦伯斯特大辞典解释为："有组织的和被组织化的全体"，"以规则的相互作用、相互依存的形式结合着的对象的集合"。通俗地说，系统[2]，是指由若干相互联系，相互作用的要素所构成的具有特定功能的有机整体。系统应具有以下特征[3]：其一，集合性，即系统至少由两个或两个以上的子系统构成。各子系统间存在联系，形成整体结构。其二，相关性，即各子系统间存在相互依存、相互制约的关系。其三，整体性，即系统的整体性体现在系统整

①　李健行. 系统科学原理与现代管理思维［M］. 湖南：湖南师大出版社，1994. 88.

②　孙汉超等. 体育管理学—体育院校通用教材［M］. 北京：人民体育出版社，2001. 85.

③　秦椿林等. 体育管理学—高等学校教材［M］. 北京：高等教育出版社，2002. 40~41.

体的最优性。系统的功能不等于各要素功能的简单相加，而追求的是整体效果。其四，有序性，即系统具有结构，而结构是有序的。这是系统之所以能够作为一个整体发挥较高功效的基础。其五，目的性，即任何一个系统均有其目的，系统中各子系统为了完成大系统的整体目标而协同工作。

系统原理①，是指为实现系统的目标，运用系统理论，对管理对象进行系统分析和规律的概括。

### 三、"系统原理"的理论阐释

系统原理的理论依据是系统理论中的整体效应观。系统的整体效应观认为："系统的整体功能之和可以大于各要素在孤立状态的功能之和。系统的整体之所以会大于各要素在孤立状态下的功能之和，这主要是因为系统的诸要素经过合理的排列组合之后，构成新的有机整体，具有其它要素在孤立状态下所没有的新质，即新的功能、特性、行为等，产生了放大的功能，即'1+1>2'的效果"。按照系统特征的要求从整体上把握系统运行的规律，对管理各方面的问题，进行系统分析和系统优化，并依照组织活动的效果和社会环境的变化，及时调整和控制组织系统的运行，最终实现组织目标。

### 四、"系统原理"在体育领域的应用阐释

系统学派中的方法将系统定义为一组相互联系和相互制约的构件，它们按一定方式组成了一个统一的整体。系统可分为封闭型和开放型系统，前者不受环境影响，而后者则发生系统与环境之间的动态作用。体育管理组织结构也是一个开放的系统，它的生存环境包括：社会、政治、经济、科技、文化传统、社会习俗，尤其是体育管理组织结构必须以优化学校体育、竞技体育和群众体育之间的组织关系为目的，以便使相互关联、相互依赖的各部分组织结构系统达到最优的结构设计与运行绩效，从而实现体育整体效益的最大化，因此，体育管理组织结构设计是一个复杂的系统工程。

体育作为一项系统工程，拥有庞大的信息流、能量流与物质流。由于其包含了众多的子系统，因此，也使其在具有相对的整体性（指其内部的研究对象、研究方法和运行规律的整体性及作为体育大系统的子系统的完整性）与功能性（指每个子系统都有其发挥的效应功能）的同时，也具有不确定性和

---

① 孙汉超等．体育管理学—体育院校通用教材［M］．北京：人民体育出版社，2001.86.

不确知性（指体育系统中的主观因素与客观因素往往具有不确定性和不确知性，如体育竞赛制度、组织机构、管理机制等体制改革，运动队、运动员竞技水平的发挥、运动成绩、比赛结果等，其目标设定和预期结果等都具有一定程度随机性和模糊性）。

"体育系统"从其一般结构来看，是一个由多层次的纵向系统和多系统并列的横向系统构成的复杂系统，它包括了竞技体育、群众体育和学校体育三个大的子系统。每个子系统又分成若干层次的下位子系统，体育大系统对各子系统的分散控制、结构调整和动能发挥均起到重要的牵制作用。因此，将"系统原理"应用于体育管理的组织、决策、运行与调控之中，对于完善与优化我国体育领域的组织功效、组织职能将起到积极的促进作用。

## 第三节　研究的剖析平台——组织职能

"人类共同劳动必然要结成一定的组织。组织是我们这个现实世界普遍存在的现象，它是发挥管理作用、实现计划目标的重要工具。而管理活动的开展，又是以组织为前提的。因此，各个管理学派对管理职能的见解和分类，虽然很不相同，但都一致地认为'组织'是不可或缺的职能，任何管理都离不开组织职能的运用。"

——《体育管理学》人民体育出版社，2001.

### 一、"组织职能"的概念阐释

《辞海》对"组织"的解释为：一是指按照一定的目的、任务和形式加以编制；二是指组成的形式或组成部分之间的关系。"

从管理的角度研究"组织"，认为"组织"可以包括两方面的涵义①：其一，组织是有机实体。从静态方面考察组织，可以把组织作为一个实体理解。所谓组织，是为完成特定工作，达成管理目的，把分散的人或事物按照一定的关系，有秩序地组合在一起的有机体。作为一个实体，任何组织都有一定的结构，即组织结构。它是指管理体系内的组织机构之间的从属、并列配置关系的组织形态。其二，组织是组织实施。从动态方面考察组织，可把组织作为一个

---

① 潘大钧. 管理学教程［M］. 北京：经济管理出版社，2003.78.

过程理解。所谓组织，是为实现组织特定目标，具有特定功能的组织实施。

体育管理的组织①，是指为了有效地实现体育组织的既定目标，通过建立体育组织机构，确定工作职责、权限，协调相互关系，使体育管理诸要素合理有效地配合，形成一个有机整体的活动过程。它主要包括两方面的涵义：一是体育组织结构设计，即设计、选择、确定体育组织结构的表现形式，规定组织关系；二是体育组织实施，即把人、财、物、时间、信息等各种资源有效地配合，按照组织实体规定的工作顺序和规范，实现体育组织目标的动态过程。

组织职能②，是指为了有效地实现既定的计划，通过建立组织机构，确定职能、职责和职权，协调相互关系，从而将组织内部各个要素联结成一个有机整体，使人、财、物得到最合理的使用。它的目的是使人们为实现共同的目标而有效地工作。建立精干、高效的管理组织，并使之得以正常运行，这是实现管理目标的前提条件。

## 二、"组织结构"及"组织实施"的概念阐释

管理组织理论可分为两个相互联系的分支学科：组织结构学和组织行为学。组织结构学侧重于组织的静态研究，即为了保证目标的实现而进行的组织结构设计，即组织结构和表现形式；组织行为学侧重于组织的动态研究，即组织实施，是把人、财、物、时间、信息等资源进行有效的配置。从总体上讲，两者都是为了提高组织效率。

### （一）"组织结构"的概念阐释

结构③，是指系统诸组成要素排列组合、相互联系、相互作用的方式，是系统内部诸要素之间相互关系的总和和稳定的联系方式，是系统整体的存在形式。

系统的结构，是指系统各组成部分之间的关联方式的总和。即系统把其元素整合为统一整体模式的总和。应用系统原理的重要内容就是进行系统结构分析，而结构分析的核心是划分子系统，分析子系统的结构，阐明不同子系统之间的关联方式。

---

① 孙汉超等. 体育管理学—体育院校通用教材 [M]. 北京：人民体育出版社，2001. 90.
② 孙汉超等. 体育管理学—体育院校通用教材 [M]. 北京：人民体育出版社，2001. 90.
③ 秦椿林等. 体育管理学—高等学校教材 [M]. 北京：高等教育出版社，2002. 40.

组织结构①，是指表现组织各部分排列顺序、空间位置、聚集状态、联系方式以及各要素之间的相互关系。组织结构中人和机构之间的关系有两种类型：一是纵的关系，即上下级（层次）隶属与领导关系，又可分为直线关系与职能关系；二是横的关系，即同级各要素之间的分工协作关系。这两种关系，在所有组织结构中都存在。随着社会的发展，管理理论与实践的完善，组织结构的形式也在不断地变化、发展，呈现多种多样的组织形式。

长期以来，随着管理实践的繁荣和管理理论研究的深入，人们创造并规范出许多组织结构形式，典型的有直线型、矩阵型、事业部制、职能制、直线职能制、委员会制等②。

（二）"组织实施"的概念阐释

组织实施，是指为实现组织特定目标，而进行的一系列组织行为过程，即把人、财、物、时间、信息等资源在一定的时间和空间内进行合理有效配置组合的过程。

### 三、"组织"的构成要素阐释

体育组织活动本身是一个有机系统。在系统内部，它是由组织主体要素、组织客体要素（资源）以及组织中介所构成的（图2－3）。

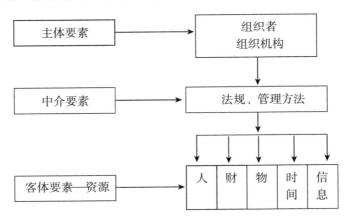

图2－3　"组织"系统的构成要素

---

① 潘大钧. 管理学教程［M］. 北京：经济管理出版社，2003.53.

② 成刚. 组织与管理原理［M］. 上海：上海人民出版社，2002.67.

（一）"组织"的主体要素

"组织"的主体要素指行使组织权力的组织者和组织机构。组织者，这是一个比较广泛的概念，凡是完全或主要从事体育组织工作的人员都属于组织者。组织机构，是指专门从事体育组织工作的机构，这是体育组织活动赖以进行的依托和组织保证。

（二）"组织"的客体要素——资源

《辞海》对"资源"的解释为：是指一个国家或一定地区内拥有的人力、财力、物力等要素的总称，可分为自然资源和社会资源两大类。

对"资源"传统的认识，是指生产资源或生活资料的自然来源，诸如土地资源、矿产资源、森林资源、水利资源等能够创造物质财富的自然存在物。人类社会及其各类组织的存在与发展都离不开资源，资源决定于存在的价值。组织就是源于有组织地开发利用资源的客观需求。管理也是通过有效地运用组织所能支配的各种资源，来实现组织目标的。因此，所谓"资源的管理"，即是社会及组织根据需要，对所能支配的资源进行积极开发、配置、利用和保护的活动过程。组织实施的客体——资源主要包括：人力、财力、物力、时间、信息等资源（图2－4）。

图2－4 "资源"的种类

人、财、物、时间和信息是构成体育组织客体资源的五大要素。"人"主要是指接受和执行组织指令的各种人，构成了组织的执行层和操作层；"财"主要是指体育资金，在市场经济条件下，由于体育资金来源的多样化，对体育资金的管理主要包括资金的筹措和使用；"物"主要是指体育场馆、器材，是开展体育活动的基础；"时间"主要是由过去、现在和将来构成的系统，它反映速度和效率；"信息"反映体育运动的各种情报、指令、消息和资料等。在五大资源中，人是组织的核心，人的能动性资源在组织中起决定性作用。其他要素是非能动性资源。组织的过程，就是科学处理和有效利用，合理配置五大资源的过程。

（三）"组织"的中介要素

组织中介是指组织主体在一定管理环境下，为实现组织目标，运用组织职能，对组织对象所采取的组织手段。组织手段包括法规和管理方法的运用等。

## 四、关于"我国体育管理组织"的研究概况

中华人民共和国成立以后，我国在很短的时间内就基本形成了较为完备的、具有中国特色的体育管理组织，即政府体育管理组织和社会体育管理组织。在计划经济体制下，由于我国国民经济发展水平较低，人民群众对体育需求水平不高，体育尤其是竞技体育肩负着振奋民族精神的政治任务。"体育系统"采取政府高度集权式的管理方式，承担着体育事业发展的全部责任，对体育资源进行计划调配，以行政手段进行直接管理与调控。

党的十一届三中全会以后，随着我国改革开放的逐步深入，原有计划经济体制下过分集中于政府办体育的弊端日渐端倪。随着我国体育社团力量的充实、国家体育行政机构的精简、体育管理体制改革的深化，将对政府体育管理组织系统与社会体育管理组织系统的功能重组，"责、权、利"的重新调配产生积极而深远地影响。针对该研究领域，我国部分专家学者也进行了卓有成效的研究。

运快生在《对我国体育系统管理状况的调查分析与研究》[①] 一文中，通过量化及相关理论研究后得出如下改革建议：其一，在管理系统内进一步加快改革步伐，适当减少管理层，精减机构，加快信息的流通和传递；其二，扩大管理自主权，真正实行职责与权利相结合，充分发挥每位管理者的才干；其三，进一步加强管理人员对管理知识及管理能力的培训，尽量减少专业结构不合理和专业不对口的现象；其四，彻底打破"大锅饭"，责任到人，职权到人，精减剩余人员，进一步严明管理系统内的组织纪律，建立奖罚管理制度，进而以制度约束人、管理人、激励人。

李宁在《对我国新时期市级体育局组织构架的研究》[②] 一文中指出，当前我国市级体育局所设部门之间存在着不同程度的"各自为政"和"职能重叠"以及"自定规则、自行监督"等情况，未能根据形势发展的需要，加强和整

① 运快生. 对我国体育系统管理状况的调查分析与研究 [J]. 北京体育学院学报，2003（3）：312~314.

② 李宁. 对我国新时期市级体育局组织构架的研究 [J]. 体育学刊，2004（1）：30~32.

合体育管理中的信息和监督职能。为此，建议我国市级体育局的局级职能应整合为体育训练、体育竞赛与体育产业、体育信息与体育健康、体育安全与监督和体育行政管理 5 个部分。

刘青在《新时期政府在体育事业发展中的角色》① 一文中指出，随着我国社会主义市场经济体系的逐步建立和完善，政府在体育事业发展中发挥作用的方式就成为新时期政府体育管理体制改革的重要任务。在新时期，政府应合理地确定其干预行为的范围、内容、力度与方式，把角色真正地转移到宏观调控上来，并在体育事业中发挥主导作用。

王广虎在《论我国体育社团改革的基础构建》② 一文中指出，我国体育社团改革，应把握现代社会"小政府、大社会"的发展特征，重构体育管理新理念，为体育社团的相对独立和自治提供理论基础；应抓住社团正经历由"政府选择"向"社会选择"转变的发展机遇，重组体育社团新体系，为体育社团的相对独立和自治建立组织基础；应抓住体育管理体制政社分开、管办分离的改革机遇，推动体育事业单位和体育事业型协会向体育社团型组织转变，为体育社团的相对独立和自治构筑行业基础；应抓住新时期阶层分化和多元利益群体形成的大好机遇，大力发展自下而上的会员互益型体育社团，为体育社团的相对独立和自治夯实社会基础。

为实现体育管理的社会化、经济的市场化、政治的民主化、政府的小型化、社会的多元化，我国体育管理组织改革已势在必行。上述专家、学者的研究论点，从不同角度、不同层面对我国现行的政府与社会体育管理的管理职能与管理形式进行了分析，并对我国政府体育管理职能提出了全面反思，对社会体育管理职能提出了发展设想。

## 第四节　研究的聚焦平台——后奥运时代

"后奥运时代中国体育事业的发展走向是体育界高度关注的问题。我们不能仅仅满足于给奥运会盖上'中国印'，还要清醒地思考 2008 年奥运会将给中国和中国人民以及中国的体育事业留下了什么？后奥运时代中国的体育事业

---

① 刘青．新时期政府在体育事业发展中的角色 [J]．成都体育学院学报，2003（1）：12~14.
② 王广虎．论我国体育社团改革的基础构建 [J]．成都体育学院学报，2005（2）：12~16.

从观念到行为、从理论到实践、从体制到机制、从竞技体育到全民健身，均将在改革、发展、完善与创新的时代背景下不断地探索与前进……"

——著者

## 一、"后奥运时代"的概念阐释

现代汉语词典对"时代"一词的解释为①"系指历史上以经济、政治、文化等状况为依据而划分的某个时段"。"后奥运"通俗地讲是指"奥运会结束之后"。现阶段"后奥运"一词在体育理论界频繁亮相，其主要着眼点即在于对"举办国奥运后的后续影响及发展走向"的研究。全国政协委员杨骥川给 2008 年奥运会的"后奥运时代"下了这样一个定义："后奥运时代"是指奥运会结束以后的一定时期，对 2008 年奥运会而言，基本上是第十一个五年计划的后期和第十二个五年计划的前期阶段。

## 二、"后奥运时代"的聚焦引证

翻开中国社会变革与改革的历史画卷，"计划经济"、"改革开放"、"建立有中国特色的社会主义市场经济"、"中国入市"、"中国申奥成功"、"小康社会"、"构建社会主义和谐社会"等，这一系列重大的改革方针与定位，引导着中国社会的发展、进步、壮大与繁荣。在建立有中国特色的社会主义市场经济及全面建设小康社会奋斗目标的影响下，我国体育管理组织系统所面临的战略性改革与决策，将成为中国体育理论界研究的重点与难点。它将有助于人们站在理性的角度，客观地评判近半个世纪以来中国体育事业所取得的成就与不足，去其糟粕、取其精华、扬长避短，坚持、完善、继承、发扬、创新、优化、整合 50 年来中国体育事业所取得的成就。冷静与清醒地深思曾脱胎于计划经济体制下带有"举国体制"色彩的中国竞技体育之路，在 2008 年北京奥运会后将"何去何从"？"后奥运时代"我国体育管理组织系统的组织结构与组织资源如何优化与整合？上述问题，均是"后奥运时代"我国体育管理体制改革的聚焦点，也将成为本文研究的聚焦平台。

## 三、关于"后奥运时代"的研究概况

2008 年奥运会为我国各领域的发展提供了广阔的空间与平台。"后奥运时代"我国社会发展必将呈现出高度的现代化，而现代化最突出的表现即是社

---

① 中国社会科学院语言研究所词典编辑室. 现代汉语词典［M］. 北京：商务印书馆，2003. 35.

会高度分化。因此，我国体育运动的发展也应主动适应这种分化，积极地探索与建立具有中国特色的"后奥运时代"体育运动可持续发展战略体系。

韩冰在《2008 年奥运会后中国体育管理体制改革的战略选择》① 一文中指出，在 2008 年奥运会推动下，我国体育管理体制必将与社会主义市场经济体制和社会全面发展相适应，积极促进国家和社会共同对体育事业进行管理，促进体育事业协调、持续、快速、健康地发展，并形成具有中国特色的社会主义体育管理体制。因此，建立具有中国特色的、和谐的社会主义体育管理体制是我国体育管理体制改革的必然选择。

岳峰在《2008 年北京奥运会后我国体育管理体制改革的研究》② 一文中指出，2008 年北京奥运会以后我国的体育管理体制要发生重要的改革，这一系列的改革是我国社会发展的需要，是我国体育战略发展的必然选择，其可供选择的主要模式包括：新"举国体制"的建立；体育管理社团化的形成；高校办体育的举措；政府宏观调控与社会自我完善的协调发展等。

王家忠在《后奥运我国竞技体育制度的思考》③ 一文中指出，"后奥运"时代我国竞技体育制度创新的具体措施应包括：继续推进体育行政管理机构改革；把直属体育院校建设成为教学、科研、训练三结合基地；进一步深化运动项目管理体制改革；积极调动社会力量办体育；加强领导，完善各种保证、保障措施，明确各级政府对发展体育事业的责任；建立和完善体育专项资金制度；建立和完善运动员就业和医疗伤残保险制度；加快建设和依法保护公共体育设施；加快体育法制建设；加强体育队伍的思想建设，组织建设和勤政、廉政建设。

张显军在《我国体育管理体制现状及 2008 年奥运会后改革趋势》④ 一文中指出，2008 年奥运会后我国体育管理体制改革与发展将主要从四方面着手：其一，体育行政管理体制改革，即在现行体育改革的基础上，为适应市场经济体制和体育的发展，应着重进行权限变更，职能转换，更新机制，改变管理方

① 韩冰.2008 年奥运会后中国体育管理体制改革的战略选择 [J].体育成人教育学刊，2006 (2)：33～34.

② 岳峰.2008 年北京奥运会后我国体育管理体制改革的研究 [J].贵州体育科技，2006 (1)：4～7.

③ 王家忠.后奥运我国竞技体育制度的思考 [J].巢湖学院学报，2005 (3)：120～122.

④ 张显军.我国体育管理体制现状及 2008 年奥运会后改革趋势 [J].体育文化导刊，2006 (7)：11～13.

式及强化立法，科学决策；其二，竞技体育管理体制改革，即建立实体化经营管理体系，国有资产社会化，建立运动训练、竞赛的投资效益评价体系，完善训练、竞赛的法规制度；其三，体育经济管理体制改革，即完善体育产业体系与评价指标体系，加快体育产业政策的制定和体育市场立法，加强体育市场组织建设和人力资源培训与开发；其四，社会体育管理体制改革，即国家投资与社会投入并举，加强社会体育基础设施建设，完善社会体育管理法规体系，推进社会体育组织网络化建设进程等。

上述专家、学者从"后奥运时代"我国体育管理体制改革与发展战略研究入手，提出了进一步改革现行的"竞技体育"与"社会体育"管理机制、管理模式与融资渠道改革的办法与途径，为本研究提供了有益的参考信息。

# 第五节　研究的创新平台——资源的优化配置

"新经济体制的特点是在经济运行机制上，把市场经济与计划经济体制的长处有机地结合起来，充分发挥各自的优势作用，促进资源的优化配置。"

——江泽民总书记在《建立社会主义市场经济体制模式》上的讲话，1992

## 一、"资源优化配置"的研究进展

"资源"是指那些可使得人们满足必要且重要的经济、政治、社会以及与此相关的各种需要的东西。

"资源优化配置理论"作为经济学研究中一个经久不衰的主题，已延续了两个世纪。从亚当·斯密"看不见的手的理论"到凯恩斯"看得见的手的理论"，再到帕累托提出的资源配置的"最大效率"观点以及庇古在他的资源配置理论中表达的资源的优化配置将促进国民收入增长的思想。古典经济学家亚当·斯密的资源配置思想以"看不见的手"的思想为核心，在一定程度上揭示了市场配置资源的基本原理。

美国著名经济学家萨缪尔森认为："如果资源是无限的，没有任何相对稀缺的物品"，那么，"研究经济学"或"寻求经济的办法"就会没有什么必要。经济学与之斗争的关键即是：物品是稀缺的。由此可见，确定资源配置高效益的目标，即是在优化的组织结构构建下，解决资源稀缺问题①。

## 二、"资源优化配置"的概念阐释

于法稳认为②："资源优化配置是指在一定社会经济条件下，按照一定比例将各种资源实行组合和再组合，生产和提供各种产品和劳务以满足各种社会需要的经济活动。"

著名经济学家厉以宁指出③："资源优化配置是指经济中的各种资源（包括人力、物力、财力）在各种不同的使用方面之间的分配"。

丙明杰认为④："资源优化配置是根据组织目标和产出物内在结构的要求，在量、质等方面进行不同的配比，并使之在产出过程中始终保持相应的比例，从而使产出物成功产出"。

马克思指出："按一定比例分配社会劳动的必要性，决不可能被社会生产的一定形式所取消，而可能改变的只是它的表现"。

由此可见，按一定比例进行资源优化配置是社会经济有效运转的中心环节。既然社会需求的增长是无限的，社会可以利用的资源是有限的，那么如何有效地配置资源就成为解决这一根本矛盾的核心问题⑤。

## 三、"资源优化配置"的理论阐释

依据"系统原理"，可以认为系统的组成要素或组织结构科学合理的重组与构建都可以引起系统功能、要素及目标的变化，这一过程就体现为系统的优化配置。

组织系统优化配置的核心问题是组织结构的优化配置及组织实施客体——资源（人、财、物、时间、信息）的优化配置。组织实施客体——"资源的稀缺"问题，已成为一个在实践中不断探索的世界级课题。

人类社会所面临的基本问题是人类需要的无限性和用来满求人类需要的各种资源的稀缺性之间的矛盾。人类的需要无论是物质上的还是精神上的，都要依托于一定的资源来实现。但是，用来满足人类需要的资源却是有限的，即稀

① 施镇平. 资源配置与市场机制 [M]. 北京：立信会计出版社，2000. 121.
② 于法稳. 资源配置的驱动机制研究 [J]. 重庆大学学报，1999 (5)：23~25.
③ 厉以宁. 非均衡的中国经济 [M]. 北京：经济日报出版社，1990. 11~12.
④ 丙明杰. 管理学——现代的观点 [M]. 上海：上海人民出版社，1999. 68~69.
⑤ 邓春菊. 我国高校体育人力资源配置模式研究 [D]. 湖南师范大学硕士论文，2005. 5.

缺性，而经济学可以更好地解决这一基本问题。经济学是研究如何在各种可供选择的使用方式中配置资源，以满足人类需求的一门科学。伴随着经济学的发展和完善，资源配置理论得以形成、发展和丰富。可以说，资源优化配置问题一直是经济学研究的焦点，资源优化配置理论是经济学的核心和基础。随着社会发展，资源稀缺或相对稀缺的矛盾必定会突现出来，从而要求我们必须从我国国情和资源现状出发，根据资源稀缺规律，借鉴国外特别是发达国家对稀缺资源开发、利用和管理的经验，保障资源配置高效益目标的实现①。

应用系统的优化配置作为本研究的创新平台，正是获益于经济学对"资源稀缺"理论的理解与认识。现阶段，在两种经济体制转轨过程中，过去原国家体委"统管、统包、统分、统支"的管理模式，已不能适应中国体育事业长远的发展战略需要，组织结构滞后，组织资源匮乏，已成为制约中国体育事业发展的主要屏障。为此，将我国体育管理组织系统作为一个整体，合理规划、科学组织，为最终实现组织系统的结构与资源的优化配置奠定坚实的基础。

### 四、关于"我国体育管理组织系统资源优化配置"的研究概况

中国体育运动作为一个在特定环境中成长起来的巨型社会组织，在社会转型期，同样也必须进行管理体制改革，而改革的核心问题也应该是适应社会主义市场经济的发展及要求，实现资源的优化配置。在此过程中，我国现行的体育管理体制和运行机制将进一步发生改变，行政主导型与计划经济型的运行方式将进一步弱化，组织形式与组织机构将进一步精简与高效，体育资源配置将进一步合理与优化。

近年来，针对在"两种"经济体制转轨过程中如何完善体育管理组织系统"资源"这一核心问题，部分专家、学者也提出了如下"资源配置"构想：

裴立新在《"集约化"是社会主义初级阶段我国体育资源合理配置与有效利用的必然选择》② 一文中指出，社会主义初级阶段人民群众日益增长的体育需求与体育供给相对不足是体育事业发展过程中的主要矛盾之一。有限的资源要发展无限的事业，就必须合理配置，提高效率，达到这一目标的唯一选择就

---

① 孙巍. 生产资源配置效率［M］. 北京：社会科学文献出版社，2000. 150～155.
② 裴立新. "集约化"是社会主义初级阶段我国体育资源合理配置与有效利用的必然选择［J］. 西安体育学院学报，2001（1）：12～14.

是要走"集约化"的发展道路。"集约化"作为体育资源有效利用的必然选择，其实质就是要提高体育事业发展的质量和效益。"集约化"的具体实施设想为：第一，以形成质量、效益型的发展机制为基础；第二，以建立有利于体育资源优化配置和合理利用的运行机制为条件；第三，以科技兴体、培育科研与体育实践相结合的技术创新机制为关键。

陈勇军在《不同经济模式下体育资源的配置方式及评价》① 一文中指出，以市场为基础的方式来配置体育资源是现代社会化经济运行的一种有效选择，稀缺的体育资源通过市场来进行配置，可以克服计划体制下决策权力过分集中的缺点，不致于出现混乱无序的状态，因为市场经济可以较好地解决计划经济所无法解决的信息机制和激励机制。中国体育的市场化将是体育资源配置不可逆转的发展趋势。

任海教授针对我国体育资源配置问题，曾发表了多篇权威性的论著。在《论体育资源配置模式》② 一文中指出，体育资源的配置涉及到资源的种类、来源、影响因素和资源投入后的最终产出等诸多因素。该研究的逻辑起点是体育产出，体育产出可以简化为：国民健康水平的提高；国家竞技实力的增强。体育产出具有鲜明的社会公益性和巨大的市场开发性。体育产品的这种社会价值与商业价值共存、社会福利与商业开发共存的双重特性，是体育资源合理配置的关键所在。影响体育资源配置的基本因素主要包括环境因素、思想认识、组织形式、法律平台等。在《我国体育资源配置中存在问题及其原因探讨》③ 一文中指出，我国体育资源存在的主要问题是：资源严重不足，分散且利用率低，投入渠道单一且量小，资源配置结构不合理，流通渠道不通畅，再生能力较差。产生上述问题的客观原因主要是经济发展水平较低，计划经济体制的束缚，条块分割的组织体系，资源系统的功能错位；主观原因是传统观念的束缚和体育理论认识的局限。在《体育资源配置方式的改革与体育资源的开发》④ 一文中指出，考虑到我国人口的基本状况、体育事业的社会目标、社会经济实

---

① 陈勇军. 不同经济模式下体育资源的配置方式及评价 [J]. 南京体育学院学报，2001（6）：21～23.

② 任海. 论体育资源配置模式 [J]. 天津体育学院学报，2001（2）：1～5.

③ 任海. 我国体育资源配置中存在问题及其原因探讨 [J]. 天津体育学院学报，2001（3）：1～9.

④ 任海. 体育资源配置方式的改革与体育资源的开发 [J]. 天津体育学院学报，2002（1）：13～20.

力、体育改革的国际背景及不同体育形态的社会公益性与商业开发性，我国应采取市场机制与政府行为相结合的体育配置机制。根据中国国情，进行体育市场细分，加强体育市场的综合开发，组建公司化的体育企业。在《体育资源利用的改革与体育资源配置改革的法规平台》① 一文中指出，要提高体育资源的利用率，需要改革体育管理的组织形态，变政府独办为官民结合，变条块分割为条块结合，变竞技体育、社会体育和学校体育各成体系为三者交融。为使体育资源配置改革顺利进行，建议建立相应的法规平台，强化政府行政法规的宏观指导作用，弱化对市场运作的权力干预。

肖林鹏在《社会转型期竞技体育资源实施优化配置之必要性探讨》② 一文中指出，举国体制的本质是实现竞技体育资源的优化配置。我国以"奥运争光"为目标的举国体制，要求政府灵活高效地利用计划与市场两种手段，合理有效地配置体育资源，充分发挥体育资源的最佳效益，中国竞技体育实施资源优化配置策略是中国竞技体育面临的必然选择。

通过对上述人、财、物力资源配置设想进行归纳、总结的基础上，本人认为：现阶段，其一，应以"奥运争光计划"与"全民健身计划"为导向，合理规划体育资源；其二，应以体育市场化为渠道，增强体育资源转运的的生机与活力；其三，应以"体教结合"为模式，努力探索体育人才培养的有效途径；其四，应以体育社会化为根基，积极调动各系统、各行业、各部门以及集体、个人等社会力量，从"一家办"逐步向"大家办"转变。

## 第六节　研究的结构平台——系统构建

### 一、体育管理的组织系统组成要素构建

本研究旨在对我国体育管理"组织"这一宏观系统产生的社会背景、发展的历史沿革进行分析的基础上，系统地论证其体育管理的"组织系统"中的两个重要子系统，即"组织结构系统"和"组织资源系统"。

---

① 任海. 体育资源利用的改革与体育资源配置改革的法规平台 [J]. 天津体育学院学报，2002（2）：1~6.

② 肖林鹏. 社会转型期竞技体育资源实施优化配置之必要性探讨 [J]. 西安体育学院学报，2002（2）：1~3.

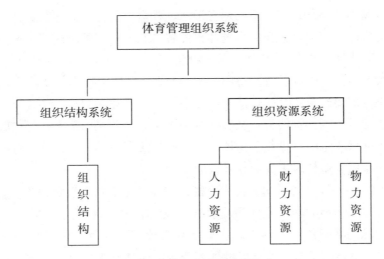

**图2-5 研究内容体系的构建**

图2-5是对本研究内容体系的构建。本文将以此图示为研究"脉络"，在全面了解我国体育管理的"组织系统"形成背景及组织现状的基础上，系统地论证"组织结构系统"与"组织资源系统"的构成要素，即"组织结构系统"中"纵、横结构"的组织关系、组织层次与组织权限；"组织资源系统"中"人、财、物力"资源的配置形态、配置原则与配置绩效。

"组织资源系统"中的"人"，即运动员与教练员 ［注：体育管理组织系统中的人力资源，除教练员与运动员之外，还应包括管理人员、运动队领队及其他工作人员等，但由于文中主要是对训练组织过程中的人力资源进行研究，而教练员、运动员在训练组织实施过程中的作用更为重要。因此，在本研究中将主要对教练员与运动员进行深入地分析与研究］；"财"，即训练经费；"物"，即训练设施。

## 二、本研究内容相关概念的理论阐释

为达到对本研究内容相关概念理解与界定的准确性、科学性与权威性，在参阅大量文献资料的基础上，通过走访、面访及问卷调查等形式，经过与专家反复论证与推敲后，对本研究内容的下述概念进行了科学地界定。

（一）"体育管理组织系统"的概念

本文对"体育管理组织"的概念定义为：是指体育运动管理机构、部门等的综合体，是指体育运动的组织体系及组织职能而言。

那么"体育管理的组织系统"则是指：体育运动管理组织中由若干相互联系、相互作用的要素组成，在一定环境中具有特定功能的有机整体，即体育运动管理组织关系、机构设置、权限划分、运行方式等。

表 2－1　对"体育管理组织"概念准确性的调查　（N＝22）

| 频数 | 准确 | 基本准确 | 不准确 |
|---|---|---|---|
| 人数 | 13 | 9 | 0 |
| 百分比（%） | 59.1 | 40.9 | 0 |

（二）"组织结构系统"的概念

本文对"组织结构"概念的定义为：是指为了有效地实现体育运动的既定目标，通过建立体育管理组织机构，确定工作职责、权限，协调相互关系，使组织系统诸要素合理有效地配合，形成一个有机整体的活动过程。本研究所指的组织结构即：体育管理组织的表现形式、组织关系、权限划分、运行方式等内容。

那么"组织结构系统"则是指：体育管理组织中由若干相互联系、相互作用的要素组成的，在一定环境中具有特定功能的有机整体，即体育管理的组织层次、组织关系、组织方式等系统要素。

表 2－2　对"组织结构"概念准确性的调查　（N＝22）

| 频数 | 准确 | 基本准确 | 不准确 |
|---|---|---|---|
| 人数 | 12 | 10 | 0 |
| 百分比（%） | 54.5 | 45.5 | 0 |

（三）"组织资源系统"的概念

本文对"组织资源"概念的定义包括两方面的涵义：其一，从静态方面考察组织资源，指在组织系统内存在的人、财、物力等资源；其二，从动态方面考察组织资源，是把组织作为一个过程来理解，即在这一特定的过程中对人、财、物力等资源进行的组织实施。

那么"组织资源系统"则是指：体育组织中由若干相互联系、相互作用的要素组成的，在一定环境中具有特定功能的有机整体，即在组织结构系统中存在的人、财、物力资源与组织实施过程中对人、财、物等资源的使用。

表 2 - 3  对"组织资源"概念准确性的调查  （N = 22）

| 频数 | 准确 | 基本准确 | 不准确 |
|---|---|---|---|
| 人数 | 11 | 11 | 0 |
| 百分比（%） | 50.0 | 50.0 | 0 |

**研究小结：**

理论体系的构建是支撑本研究内容的理论平台，理论体系构建得清晰合理、全面具体、深入透彻，将对本研究形成重要而深远的影响。为此，在本章的撰写过程中，本人引用了多学科的理论知识，运用了多角度的理论支撑，参考了多方面的研究成果，进而奠定了坚实的理论研究基础。

# 第三章

# 我国体育管理的组织结构现状剖析

2002 年国家体育总局原局长袁伟民同志在讲话中已将"体育管理组织结构的构建"工作提到了重要的议事日程。他指出："20 多年来，通过体制改革，我国的体育管理组织结构已经发生了新的变化，随着政府职能转变和经济体制改革的深入，体育管理体制改革必须继续深化。要利用筹备 2008 年奥运会的有利契机，逐步理顺各级各类体育组织之间的关系，充分发挥体育总局、体育总会和中国奥委会的作用，形成有利于中国体育事业发展的组织架构和适应社会主义市场经济要求的运作方式。无论是'体育系统'还是'社会系统'、'教育系统'，都应当重视制度创新，积极探索符合时代特点的组织模式。"

在探索、改革与完善我国体育管理组织结构的过程中，2008 年北京奥运会将作为一个重要的体育管理组织结构调整与改革的战略里程碑。"后奥运时代"我国体育管理组织结构必将在现有的基础上，秉承继承、完善、改革与创新的战略指导思想，遵循符合有中国特色的体育管理体制改革之路，大步前进。

## 第一节　我国体育管理的组织结构形成的社会背景

我国体育管理的组织结构系统作为体育管理组织系统中的重要子系统，既受制于体育整体环境系统的影响，同时也受制于其生存的、开放的、宏观的社会政治、经济、文化等环境系统的影响与制约。因此，对我国体育管理的组织结构形成与产生的社会宏观环境进行全面分析，将对于科学地谋划"后奥运时代"我国体育管理组织结构的变革产生重要而深远的影响。

## 一、社会的政治环境背景

尽管现代奥运会创始人顾拜旦爵士曾把非政治化作为奥林匹克运动的理想之一，但自从以奥运会为代表的现代竞技体育运动兴起之际，体育就一直未与政治"绝缘"。两次世界大战、美苏争霸、苏联解体等国际体系的结构变化都对竞技体育的发展带来了难以估量的影响。就一个国家而言，其政治制度的性质、政治文化的个性也从根本上决定了该国竞技体育的发展道路和水平。无论何种制度的国家，政府中都设有主管体育工作的机构，因此，政府对体育运动的管理即已成为政治与体育关系的核心。

社会主义制度是我国体育管理体制形成的最基本的政治背景，中国的历史情结与大国心态是我国专业竞技体育产生的社会心理基础，前者决定了我国在整个社会主义初级阶段发展高水平竞技运动的条件限制和制约因素，后者决定了我国不仅不能像其他中小国家那样安于体育上的弱者地位，而且还特别需要通过竞技水平的辉煌来满足民族自尊心与自豪感。正是基于此种历史情结与政治背景，从而使国家与社会高度统一的全能型政府管理模式得以建立与运行，使体育管理组织的决策权集中于政府，形成了"大政府"、"小社会"的政府全能型管理模式，此种模式显然已与现代社会管理体制变革中的市场化、社会化与法治化的发展走向相悖。

本世纪，体育运动作为展示我国综合国力、社会主义制度优越性以及弘扬中华民族精神的平台，必须要顺应社会的政治变革。2008 年北京奥运会与其说是中国体育事业发展的里程碑，不如说是中国在世界政治舞台上取得的重大突破。在我们为政治成绩而欣喜的同时，也应该冷静地思考，在国家实施政治高度集权管理的体育管理组织结构下，其金牌数量与质量、资金付出与回报是否成正比？为此，以社会的政治环境变革为背景，我国的体育管理组织结构变革也应不断地改革、完善与创新。

## 二、社会的经济环境背景

我国的经济体制改革主要经历了三个历史阶段：第一阶段为 1979 ~ 1984年。这一阶段突破了单纯的计划经济观念，形成了计划经济为主，市场调节为辅的思想。第二阶段为 1984 ~ 1992 年。1984 年，党的十二届三中全会提出了《中共中央关于经济体制改革的决定》，指出我国总体实行的是计划经济，即有计划的商品经济。从 1985 年开始，我国经济体制改革全面展开，到 90 年代初期，我国多种经济成分并存的所有制结构已初步形成。第三阶段为 1992 年以后。1992 年 10 月，党的第十四次代表大会正式提出了"我国经济体制改革的目标是建立社会主义市场经济体制"，明确地提出了社会主义市场经济的基本框架①。

经济是体育发展的基础，国家经济发展的程度与规模对体育管理体制改革起到深刻的影响。不同的历史时期、不同的经济发展程度与规模，不仅影响着人们的生活水平和消费需求，也影响着体育管理组织结构的运行绩效。20 世纪 90 年代以来，随着社会主义市场经济体制的建立，市场成为全社会资源配置的主导方式。在"两种"经济体制转轨过程中，体育事业不可能成为改革的"避风港"与"防空洞"，体育管理组织结构变格已开始尝试着以市场为价值取向的"渐进式"变革，如体育场馆实行个人承包、发行体育彩票、开发体育无形资产、对部分运动项目实行市场化运作、运动竞赛实行招投标制度等。应该说，过去政府独家承办体育事业的格局正在逐渐被打破，吸引社会资源进入体育领域，将成为中国体育运动在社会经济发展背景影响下，适应变革的必然选择。

### 三、社会的文化环境背景

中国是一个拥有着五千年文明史，蕴含着深厚文化底蕴的文明古国。民族文化与民族传统是一个国家和地区精神文明的历史积淀，它对人们的世界观、价值观、认知观及思维模式和行为方式均将产生深刻的影响。当体育的形式和内容与一个民族的文化传统十分紧密地结合起来时，就形成了体育文化。

体育文化作为一种社会文化现象，其体育运动者的受教育程度、体育参与者的数量和质量、国民素质和健康水平的高低、体育文化设施与环境的优劣、体育文化活动的丰富程度等均将对社会的整体文化环境产生重要的影响。因此，最大限度地满足广大人民群众的体育文化需求，提高全民族身体素质，丰富群众文化生活，促进社会文明公约，营造"和谐体育与小康体育"的文化氛围，将成为弘扬中国体育文化的重要平台。

① 王凯珍. 中国社会转型与城市社会体育管理体制变革 [J]. 北京体育大学学报，2004（4）：433～439.

## 第二节　我国体育管理的组织结构形成的历史沿革

在社会政治、经济与文化背景的影响下，我国的体育管理组织结构也从计划经济体制下以"政府型体育管理组织结构"为主体的模式，逐步向建立社会主义市场经济体制下的"结合型体育管理组织结构"模式发展。"后奥运时代"探索我国体育管理组织结构的最佳结合模式与最佳运行方式，将成为新时期体育管理体制改革的重要任务。为了更科学、合理、有效地规划我国体育管理组织结构的改革模式，本节将首先对我国体育管理组织结构形成的引导方针与历史沿革进行回顾，以期在回顾过去的基础上，更好地正视现在，谋划未来。

### 一、我国体育管理组织结构形成的引导方针

我国体育管理组织结构形成的引导方针是引领中国体育事业持续、健康、稳步发展的标识。近半个世纪以来，中国体育事业发展的风雨历程，也正是以各时期、各阶段所形成的"引导方针"为标识，引领中国体育事业不断发展、前进。

（一）新中国成立初期——以"发展体育运动，增强人民体质"为引导方针

1949 年 9 月，中国人民政治协商会议制定的《共同纲领》中规定："国家提倡国民体育"。同年 10 月，朱德同志在中华全国体育总会第一届代表大会上指出："我们的体育事业，一定要为人民服务，要为国防和国民健康服务。"1952 年 6 月，毛泽东同志在中华全国体育总会第二届代表大会上题词"发展体育运动，增强人民体质"，从而为新中国体育事业的发展确定了引导方针与理论基调。

（二）改革开放初期——以"奥运为重点，兼顾一般"为引导方针

"文化大革命"时期，我国体育事业遭到严重破坏，直到 1976～1978 年体育领域在邓小平同志体育思想的指引下，开始全面拨乱反正，并在 1979 年 2 月全国体育工作会议上提出了"争夺奥运会团体总分前 10 名的目标"，"今明两年，国家体委和省一级体委在要兼顾普及和提高的前提下，侧重于提高。"按照"以奥运为重点，兼顾一般"的原则，对全国和地方运动项目设置进行了调整。

（三）经济体制改革初期——以"奥运争光计划、全民健身计划"为引导方针

巴塞罗那奥运会后，国际奥委会于 1993 年与世界卫生组织共同签署了一项"到 2000 年人人享有体育与健康权利"的协议，在此种国际背景下，1993 年我国推出了《群众体育改革方案》和《训练体制改革方案》，重新思考在社会主义市场经济条件下中国体育事业的发展道路和引导方针，这也促成了"奥运争光计划"与"全民健身计划"的台出。2000 年 12 月，国家体育总局下发了《关于印发〈2001～2010 年体育改革与发展纲要〉的通知》，明确提出："坚持普及与提高相结合，坚持群众体育与竞技体育协调发展、努力探索群众体育和竞技体育的发展规律，全面提高体育的整体水平"。

综上所述，新中国成立以后，我国的体育引导方针经历了从偏重于群众体育到后来偏重于竞技体育，再到群众体育与竞技体育协调发展，普及与提高相结合的发展历程。

## 二、我国体育管理组织结构形成的核心战略

"举国体制"、"奥运争光计划"、"全民健身计划"是伴随着我国体育事业近半个世纪发展历程所产生的重要的核心战略。依附于我国特有的社会背景与历史背景，是我国各时期、各阶段体育事业发展的核心战略，因此，通过对上述三个核心战略思想的研究，可以追溯我国体育管理组织结构形成的历史过程及今后的发展走向。

（一）"举国体制"释析

《辞海》曰："举"乃"全"、"皆"；"国"乃"国家"。顾名思义，"举国体制"即为"全国体制"。"举国体制"原本是指以国家利益为最高目标，动员和调配全国力量，包括精神意志和物质资源，攻克或完成某一世界尖端领域或国家级特别重大项目的工作体系和运行机制[①]。邓小平同志曾简洁而精辟地将其概括为"集中力量办大事"。从举国体制的产生背景看，举国体制并非中国所特有，它多用于社会劳动生产力水平较为落后，或者一个国家将面临生存威胁时，或者涉及到有关大多数人民利益的重大事件时，不惜一切代价去完成某项关系到国家民族兴衰的使命。社会主义制度决定了这一体制在中国所具

---

① 张鲲．我国体育两大战略发展关系分析［J］．体育文化导刊，2001（6）：4～5.

有的特殊的优越性。

我国竞技体育"举国体制"是在特定的历史环境与历史背景下形成与产生的。20世纪下半叶，苏联、东欧和中国等社会主义国家为了迅速提高国家竞技体育水平，在体育领域实行了"举国体制"。20世纪50年代，我国选择了以体育运动作为"扬国威、振国志"的展示平台。在此种政治背景下，一种为实现国家目的，调动和集中全国力量对竞技体育实行高度统一管理的"举国体制"应运而生。这种国家宏观"管、办"体育的管理体制，能有效地集中有限的"人、物、财力"资源，通过国家统一调配、整合，进而实现竞技体育的快速发展。

据有关资料显示，较早地在正式场合提到"举国体制"特点的是在1980年，当时的国家体委主任王猛同志在《全国体育工作会议工作报告》中提到："在我国，将体育纳入国家计划，运用社会主义制度的优越性，按比例、有重点地分配财力、物力，这样就能在经济比较落后的情况下，使体育上得快一些。"报告中虽然没有正式使用"举国体制"这一提法，但上述观点，却是关于我国体育"举国体制"较早的权威解释①。1984年洛杉矶奥运会之后，国家体委着手制定奥运战略，将"一条龙"的训练体制、全运会赛制和国家队的长训机制三者构成的竞技体育组织结构与管理方式，概括为中国"举国体制"的具体实施保障。2000年悉尼奥运会，中国代表团取得了金牌总数与奖牌总数第三名的优异成绩，江泽民总书记在接见中国体育代表团时概括了三句话："美国体育靠他的经济实力，俄罗斯体育靠他原来的基础，中国体育的成功靠的是举国体制"，这是首次在正式场合公开提到"举国体制"。2001年2月，原国家体育总局局长袁伟民同志在《全国体育局长会议》的讲话中指出："举国体制的实质就是发挥社会主义能够集中力量办大事的优越性。"2003年7月，袁伟民同志在题为《求真务实，团结进取，以强烈的使命感和紧迫感做好体育工作》的讲话中再次强调："举国体制是我们的优势所在，要进一步坚持和完善，赋予它新的内涵，要在目标制定、项目布局、经费保障、奖励政策等各个环节、各个方面，都体现举国体制的要求。"李志坚同志又进一步强调："举国体制是指以国家利益为最高目标，动员和调配全国有关的力量，包括精神意志和物质资源，攻克某一世界尖端领域或国家级特别重大项目的工作

---

① 奚凤兰. 对社会转型期"举国体制"的思考 [J]. 南京体育学院学报，2004（5）：8～11.

体系和运行机制。"建立新型举国体制的核心是"保留原有举国体制的长处，吸收市场体制的优势。"

脱胎于20世纪50年代，形成于20世纪80年代的中国竞技体育"举国体制"，在步入21世纪的今天，我们在为其辉煌而赞叹的同时，更应该清楚地认识到，随着社会大环境的发展与变革，"举国体制"已日益显示出它的弊端，主要表现为：其一，负担繁重。举国体制虽然能够集中全国的力量来兴办体育运动，但毕竟力量有限，一个国家不可能将所有的精力放在一个问题上，它还有很多关系国计民生的事要办，据统计，奥运会一块金牌的代价是7亿元人民币，投入与产出不成正比。其二，机构庞杂。举国体制下的各级管理机构繁多，从国家体育总局到省体育局，再到各地市体育局，一层层下来，造成机构臃肿，人浮于事，各种规章制度运行不畅。其三，重提高、轻普及。如果明确并实施了竞技体育走"举国体制"的发展之路，则意味着竞技体育处于体育事业发展的主导地位，必将淡化与削弱全民健身工作。有资料表明，日本人体质中的许多指标已经赶上或超过中国，这也是日本进行体育战略调整的结果。世界上还有一些国家，他们长期坚持走"提高国民健康之路"，虽然从未染指过奥运金牌，但国民安居乐业、民族体质良好。上述实例，引人深思，发人深省。

"后奥运时代"中国竞技体育的"举国体制"改革已迫在眉睫，改革之路究竟何去何从？新型的"举国体制"如何在坚持、完善的基础上创新、发展，将是引导中国体育管理组织结构变革的重要战略。

（二）"奥运争光计划"释析

《奥运争光计划》是中国政府为了适应国内经济建设和改革开放事业的发展，顺应国际竞技体育发展趋势和规律，针对我国竞技体育发展要求而制定的纲领性文件。

国家体委于1993年11月正式提出制订《奥运争光计划》，1995年7月《奥运争光计划（1994～2000年）》正式颁布实施。1995年出台的《奥运争光计划》是中国奥运发展战略的阶段性指导方针与原则，它的截止日期是2000年。面对21世纪新的战略形势与发展要求，2002年7月下发的《中共中央、国务院关于进一步加强和改进新时期体育工作的意见》中指出："制定新时期奥运争光计划，应以新世纪我国在奥运会等重大国际比赛中取得的优异成绩为目标，进一步发挥社会主义制度的优越性，充分调动中央和地方以及社会各方面的积极性，在充分发挥竞争机制的基础上，把全国的体育资源更好地整合起来。"这是中央文件首次明确地将《奥运争光计划》与"举国体制"联系起来。显然，在制定新的《奥运争光计划》时，应该明确提出坚持、完善"举国体制"的工作方针与工作思路①。

在《奥运争光计划》的实施过程中也遇到诸多困难，主要表现为②：其一，经费投入不足；其二，项目布局不力；其三，组织绩效不高；其四，人才流动不畅。

上述问题与困难，是改革的动因与标识。毫无疑问，2008 年北京奥运会之后，《奥运争光计划》的制定与实施，必须考虑到中国体育事业的可持续发展与避免高潮之后中国竞技体育出现的滑坡现象。因此，后奥运时代《奥运争光计划》的制定应以中国竞技体育的可持续发展作为战略目标，加大改革力度，以改革促发展，使 2008 年以后的中国竞技体育事业保持健康、稳定的发展。

（三）"全民健身计划"释析

1995 年 6 月 20 日，国务院颁布了《全民健身计划纲要》，1995～2000 年是实施《纲要》的第一期工程，新世纪的第二期工程也已经开始进行。《纲要》的颁布与实施，是 21 世纪中国群众的体育宣言书，是我国实行改革开放政策在体育领域的延伸，是一项跨世纪的体育发展规划，是社会主义现代化建设的配套工程，是我国走向小康社会的一项重要战略措施，是关系到民族兴衰和国家富强的大事。它标志着党和政府对国民体质的重视，意味着中国体育事业回归了宪法精神，也预示着中国对一种新的体育道路的抉择和认定。它反映出了国民对体育需求和体育价值观念的转变。这是新中国体育史上的一个重要里程碑，标志着我国大众体育的发展将实现一个大的飞跃，国家管理调控、依托社会发展的新型大众体育管理体制和良性运行机制正在形成。

诚然，《全民健身计划纲要》的实施功在当代、利在千秋，但在实施过程中也遇到诸多困难，主要表现为③：其一，在"普及与提高相结合，侧重于提

① 郝勤.论"举国体制"与《奥运争光计划》的关系 [J].体育文化导刊，2003（12）：3～7.

② 韩建国.20 世纪末中国竞技体育的重大举措——对《奥运争光计划》[J].体育史，2000（5）.14～16.

③ 方千华.全面建设小康社会时期的大众体育发展趋势分析 [J].福建体育科技，2004（1）：12～15.

高"方针的引导下，相当长的一段时间内，国家仍然存在"重竞技体育、轻群众体育"的倾向；其二，群众体育事业经费短缺，财政投入有限；其三，受生活观念、认知水平、个人习性与家庭收入的影响，群众普遍缺乏健身意识、健康观念；其四，以社区型、协会制等为发展导向的群众体育管理组织机构、组织网络、组织模式还需要地进一步建立与完善；其五，体育运动的社会化、市场化、产业化运营模式亟待规范。

上述问题为我国体育战略改革找到了症结所在。毫无疑问，2008 年北京奥运会之后，《全民健身计划纲要》将在反思金牌战略、奥运战略与冠军战略的同时，得到全社会的高度观注。

### 三、我国体育管理组织结构形成的机构变革

（一）社会型体育管理组织结构——中华全国体育总会（1949～1952）

从 1949 年中华人民共和国成立到 1952 年，是我国继续完成新民主主义革命任务时期。脱胎于半殖民地、半封建社会的新民主主义革命，在国有经济没有占据压倒性优势的情况下，以中华全国体育总会做为我国体育管理组织系统的组织结构来领导全体育运动的发展，既符合于当时的社会背景，也符合于体育事业的发展规律，具有一定的历史必然性。中华全国体育总会通过两层组织序列行使管理权力：其一是从基层的体育协会——到县以上的体育分会——再到全国的体育总会系列；其二是各单项协会组织。这种体制的特点是体育事业的运行不是完全依靠行政手段去推行，而是建立在发动群众、依靠群众的基础上。由于该种体育管理组织结构不是在社会主义制度下由于社会经济分化所产生的必然结果，因此，它的生命力极其短暂，社会主义制度建立之时也就是它名存实亡之际。

（二）政府型体育管理组织结构——国家体委（1952～1998）

1. 50 年代——"分工化管理"

1952 年，为适应有计划的大规模经济建设任务的需要，我国从学习苏联等国的先进经验出发，在原"中华全国体育总会"的基础上，成立了"中央人民政府体育运动委员会（1954 年改为"中华人民共和国体育运动委员会"，简称"国家体委"），设有 8 个司局级机构，200 多名行政管理人员。当时国家体委的职能是：在国务院统一领导下负责领导和监督全国的体育事业，实行委员制，任命有关部门领导和地方体委负责人担任委员；而中华全国体育总会（对外称中国奥委会）的职能是：协助政府组织、领导并推进国民体育运动，

实行会员制，省市区体育分会、各单项体育运动协会、行业体协是其团体会员。由此可见，50年代我国已基本构建起"体委"实施行政领导，"体总"及其会员实施具体管理的体育管理组织结构，基本形成了国家办（体委）、部门办（各行业系统）、单位办（机关、企业、厂矿、学校）相结合的"分工化管理模式"。

2. 60~70年代——"集权化管理"

60年代初，为调整国民经济比例失衡问题，中共中央提出了"调整、巩固、充实、提高"的"八字"方针。在调整过程中，国家体委也相应地作出了缩短战线、保证重点的战略方针，即压缩群众体育规模，把工作重点转移到重点项目的运动训练上，建立起"集权化"的体育管理组织体系，这一模式被一直延用到70年代中期，这一时期的体育工作实际上已形成了政府体育管理组织部门高度集权的管理模式。1978年，十一届三中全会的中心议题是将工作重心由阶级斗争转移到社会主义建设上来，于是各级体委开始重新组建，中华全国体育总会、中国奥委会等体育组织开始重新运作。1979年2月，在全国体育工作会议上正式提出将工作的重点转移到体育管理工作上，并确定了"在普及与提高相结合的前提下，侧重抓提高"的战略方针，初步形成了奥运战略。

3. 80~90年代——"国家与社会化相结合管理"

1984~1985年之间，我国各行各业均掀起了一股体制改革的热潮。在社会大环境、大背景的影响下，1986年4月15日，国家体委颁布了《关于体育体制改革的决定（草案）》，为中国体育体制改革拉开了历史性的序幕。这次体制改革的重点是"从国家包办体育过渡到国家办与社会办相结合，转变国家体委等行政机构的职能，理顺体委与各部门之间的关系，恢复、发展行业体协和基层体协，放手发动全社会办体育的积极性[①]。为了有效地行使管理职能，国家体委设置了分管运动项目的五个业务司：即一司主管军体、水上、自行车等项目；二司主管球类项目；三司主管田径、游泳、登山项目；四司主管重竞技和体操、武术项目；五司为冰雪司。

80年代的体育改革虽然解决了当时的一些难题，但从总体上看，改革的性质、方向尚不明确，它只是在计划经济体制下对原有体制的修补与完善，尚

---

① 王丽娟. 中国体育管理体制改革二十年 [J]. 福建体育科技，2002（6）：4~6.

未触及根本，旧体制中的一些深层次问题依然存在。

90 年代，在邓小平同志南巡讲话和十四大确立的建设社会主义市场经济体制改革目标的指导下，我国政府体育行政管理部门着眼于体育体制改革和运行机制转换，提出了具体的改革要求。1993 年，国家体委下发了《关于深化体育改革的意见》，确立了 90 年代体育体制改革的基本思路，即实现由计划经济体制下的体育体制向与社会主义市场经济体制相适应的体育体制转变，逐步建立符合现代体育运动发展规律、国家调控、依托社会、自我发展、充满生机与活力的体育体制和良性循环的运行机制。为此，国家体委选择了以体育管理组织体系重构为切入点，1994 年，国家体委机关由原来的 15 个厅、司、局缩减为 13 个，工作人员由 470 人缩减为 381 人。1993 年成立了 14 个运动项目管理中心，1997 年又组建了 6 个运动项目管理中心，并对 3 个运动项目管理中心进行了调整，进而确立了以 20 个运动项目管理中心管理 41 个单项运动协会和 56 个运动项目的运动项目管理组织体系，有利地促进了单项体育协会实体化的改革进程。

90 年代的体育管理体制改革相对于 80 年代，更为深入、彻底，是一场对原有体制进行的根本性变革。他将体育与市场有机地联系在一起，为体育运动走社会化、市场化、产业化发展道路奠定了基础。但在改革的过程中，一些深层次的矛盾也随之暴露，如：体育社会组织与政府部门的关系仍未理顺；中华全国体育总会与中国奥委会依旧形同虚设；体育事业管理过程中"人治"色彩浓厚等。这些问题仍然困扰着中国体育事业的发展①。

（三）结合型体育管理组织结构——国家体育总局

1998 年，本着"精简、统一、高效"的原则，国家体委再次进行了机构改革，原国家体育运动委员会改组为国家体育总局，与中华全国体育总会"一个机构、两块牌子"，这就基本确立了当今乃至以后一段时间内，我国体育管理的组织结构模式。改组后的国家体育总局由国务院组成部门改为国务院直属机构，内设机构减少到 9 个，人员编制由 381 人减少为 180 人，其主要职责不变。这一系列的机构改革提高了我国体育行政机关的工作效率，使政府机关由过去的"办体育"转变为间接的"管体育"，由"微观管理"职能向

---

① 王丽娟. 中国体育管理体制改革二十年［J］. 福建体育科技，2002（6）：4~6.

"宏观管理"职能过渡①。

从建国初期到 20 世纪末，中国体育管理组织结构的变革是中国政治、经济、文化发展的真实回顾与历史写照。从中华全国体育总会到国家体委再到国家体育总局，不仅反映了名称的变更，更体现了不同时期、不同阶段国家对体育运动管理态度的深刻转变。2008 年北京奥运会后，中国体育事业也将迎来一个崭新的起点，为使中国的体育事业进一步适应全球化、市场化、社会化的变革需求，中国体育管理组织结构变革已成为历史的必然选择。

## 第三节　我国体育管理的组织结构构成

体育管理的组织结构是指一个国家体育事业的维持与发展所依存的组织体系和运行约束机制。从组织学的角度看，理想的体育管理体制，应当满足组织严密、结构合理、运行高效、约束有力的一般性要求。从社会学的角度看，现实的体育管理的组织结构必须受国家的政治制度直接制约，与国家的经济体制相适应，被国家的文化传统相容纳。

研究我国体育管理的组织结构构成，即是从"纵向"与"横向"两个层面剖析现阶段我国体育管理组织结构的部门置设、管理权限、管理层次、管理范围与管理从属关系等。现阶段，我国体育管理的组织结构仍主要由政府体育管理组织系统和社会体育管理组织系统构成。

### 一、政府体育管理组织系统

政府②，即为狭义的"国家行政组织"，它是一个包括中央政府和地方政府在内的以直接进行社会公共事务管理为主要目标和主要职责的体系完整且功能齐全的组织系统。在我国，即指国务院、国务院所属各部门以及地方各级政府及各职能部门。在整个社会的行政组织体系中，国家行政组织是其最主要的部分，它承担了整个国家行政工作和行政职责的主要部分和基本部分。

现阶段，政府体育管理组织系统可以分为两个子系统，即政府专门体育管理组织系统和政府非专门体育管理组织系统。

①　王丽娟．中国体育管理体制改革二十年［J］．福建体育科技，2002（6）：4～6．
②　李程伟．行政学基础教程［M］．北京：华文出版社，1999.56.

（一）政府专门体育管理组织系统

政府专门体育管理组织系统是由各级体育局构成，通常称为体育局系统，它是体育管理的主体系统。在此系统内，下级体育局既接受上级体育局的业务指导，同时又接受该级人民政府的行政领导。如省、直辖市、自治区体育局，既受国家体育总局的业务指导，又受省、直辖市、自治区人民政府的行政领导，这种矩阵式的体育管理体制，通常称为双重领导体制，又称为"条块体制"。在政府专门体育管理系统内，最高领导权属于国家体育总局。

考虑到研究的针对性，本文将政府专门体育管理组织系统界定为在行政隶属关系上接受国家体育总局直接领导的"体育系统"。

（二）政府非专门体育管理组织系统

政府非专门体育管理组织系统，设在国务院所属的各部委中，一些部委设有体育管理部门主管本系统内的体育工作，如：国家教育部设有体育卫生与艺术教育司和全国学生体育联合秘书处，统管全国学生体育工作；军队系统中由军委总政治部管理军队体育工作等。在大多数的部委中不设有体育管理部门，但设有体育事业单位，如各行业体协。各行业体协在所属部委领导下作为中华全国体育总会的团体会员，负责开展本行业的体育活动。

考虑到研究的针对性，本文将只针对政府非专门体育管理组织系统中在行政隶属关系上接受国家教育部直接领导的"教育系统"进行研究。其它体育管理组织机构，如国防部、铁道部等，暂不在文中进行论述。

## 二、社会体育管理组织系统

社会①，即以一定的物质生产活动为基础而形成的相互联系的人类生活的同共体。

社会体育管理组织系统也可以分为两个子系统，即社会专门体育管理组织系统和社会非专门体育管理组织系统。

（一）社会专门体育管理组织系统

社会专门体育管理组织系统是由专门从事体育管理工作的社会组织机构构成，它下面又分为三个子系统，即中华全国体育总会系统、中国奥委会系统和中国体育科学学会系统。另外，还有一些社会群众性体育团体，如中华全国总

---

① 夏征农．辞海［M］．上海：上海辞书出版社，1999．456．

工会、共产主义青年团中央、全国妇联等社会群众团体。

考虑到研究的针对性，本文将只侧重于对中华全国体育总会系统中下设的单项体育运动协会和学生体育协会及中国奥委会进行系统地分析与研究。

（二）社会非专门体育管理组织系统

社会非专门体育管理组织系统是指某些群众性民间体育组织。另外，在我国基层组织中蓬勃发展起来的群众性体育俱乐部，也日渐成为社会非专门体育管理组织系统中的新生力量。

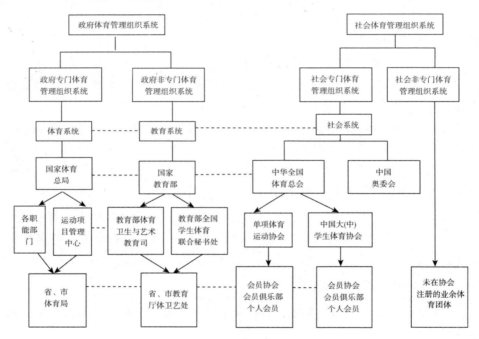

**图3－1　我国体育管理的组织结构图**

图3－1反映了现阶段我国体育管理组织系统的组织结构现状。此图经过多次反复推敲、修改及专家认定后（见表3－1），认为此图示能够较准确、全面、清晰地概括和反映现阶段我国体育管理组织系统的组织结构现状。

表3－1　对"我国体育管理组织结构现状构建"的调查　　（N＝22）

| 频数 | 合理 | 基本合理 | 不合理 |
|---|---|---|---|
| 人数 | 12 | 10 | 0 |
| 百分比（％） | 54.5 | 45.5 | 0 |

## 第四节　我国体育管理的组织系统"纵向"结构剖析

"结构"是系统诸组成要素排列组合、相互联系、相互作用的方式，是系统内部诸要素之间全部关系的总和和稳定的联系方式，是系统整体的存在形式。"系统的结构"① 是系统保持整体性及其特定功能的内在依据。"组织结构"是指组织的内设机构及其关系和职能配置，它是组织人才队伍建设的基本框架，也是组织人际关系的反映，这一框架的构成是否合理，是否符合组织的发展需要，不仅关系到组织的人员配置和人才队伍建设，同时也直接影响组织的人际关系和运作模式②。在不断深化改革的今天，组织结构的重组与优化已成为体育管理体制改革的关键环节。

"纵向结构"即以竖形状态、垂直向下的形式进行排列。我国体育管理组织系统的纵向结构即在组织管理体系上是中央——地方、高层——低层、上级——下级，逐级递减地进行排列。现阶段，我国体育管理组织系统按"管理主体"分类主要包括："体育系统"、"教育系统"与"社会系统"三个子系统。

### 一、"体育系统"纵向组织结构剖析

（一）"体育系统"形成的历史沿革

在过去的几十年间，中国体育事业走过了一段曲折的发展历程，组织机构从"以发展体育运动、增强人民体质"为中心任务的"体育总会"设置，到以"举国体制"为核心内容的"体育运动委员会"设置；逐步将以群众自治为主、发展群众体育为核心的工作方式，转向以国家行政手段为主导，以"体育系统"为主体，以国家——省（市）——地（市）——县（市）政府体育管理机构为组织结构体系的体育管理模式③。上述体育行政管理机构中都设有竞技体育管理部门，各级政府均以竞技体育发展水平作为评价体育工作的重要标准，因此，各级政府体育行政部门不得不集中人力、物力和财力发展竞

① 李健行．系统科学原理与现代管理思维 [M]．湖南：湖南师范大学出版社，1994.125.

② 李宁．对我国新时期体育局组织构架的研究 [J]．体育学刊，2004（1）：30～32.

③ 治学．我国未来竞技体育管理体制构想 [J]．体育文史，2000（6）：7～9.

技体育，并在政策上向竞技体育倾斜，这一政府办体育的行为被称之为竞技体育的"举国体制"。随着我国经济体制改革的推进，政府"管、办"竞技体育已难以适应我国经济体制改革与发展的需要，因此，原国家体委从1988年开始实行运动项目管理体制改革，1998年建立了新型的政府专门的体育管理组织系统——国家体育总局，进而为我国体育管理组织结构的变革与发展迈出了坚实地一步。

"体育系统"即政府专门的体育管理组织系统，在行政隶属关系上接受国家体育总局的直接领导。在"体育系统"内部采用的主要是直线型组织结构，即组织内部各职务按"纵向"排列，各级主管部门对其下级部门拥有直接管理权利，下级单位接受上级单位的领导，上下级关系简单、明确、清晰。其优点是结构简单、权力集中、职责分明、命令统一、联系简捷；其缺点是由于管理职能集中，造成下级单位缺乏必要的自主权、上下级单位之间信息传递的速度较慢等。其"纵向"管理组织结构为：国家体育总局——运动项目管理中心——省、市、县体育局。（如图3－2）

（二）"体育系统"的纵向组织结构

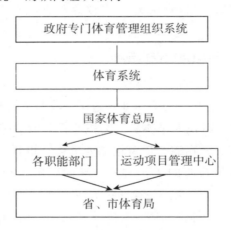

图3－2 "体育系统"纵向管理组织结构

在"纵向"组织结构中，国家体育总局处于最高层次，其下设的各职能部门是国家体育的决策者，其主要任务是确定国家体育事业的大政方针，并肩负着国家体育在分化过程中的整合任务；国家体育总局下设的20个运动项目管理中心，现已成为国家体育事业的管理者，即运用管理的手段与方法去实现国家的体育大政方针；各省、市体育局是其下属的操作层与执行层。

（三）"体育系统"的纵向组织职能

1. 国家体育总局现状剖析

（1）国家体育总局的组织构建

1998 年，根据第九届全国人民代表大会第一次会议批准的国务院机构改革方案和《国务院关于机构设置的通知》，将 1952 年设立的"国家体育运动委员会"变更为"国家体育总局"，从而使一个在国务院存在了 46 年的部委机构，变成事业局，由原来的部委级第一序列变为部委级第二序列，成为国务院主管体育工作的直属机构，主管全国的体育工作，行使独立的行政管理职能。名称变更后，本着"政事分开、管办分离"的执行策略，其体育行政部门的管理方式也从根本上发生了转变。现阶段，经国务院批准，国家体育总局与中华全国体育总会为"一个机构、两块牌子"，是国务院主管体育工作的直属机构。

（2）国家体育总局的主要职责

国家体育总局的主要职责是：①研究拟定体育工作的政策法规和发展规划并监督实施。②指导和推动体育体制改革，制定体育发展战略。③推行全民健身计划。④统筹规划竞技体育发展。⑤管理体育外事工作，组织参加和举办重大国际体育竞赛。⑥组织体育领域重大科技研究的攻关和成果推广。⑦研究拟定体育产业政策。⑧负责全国性体育社团的资格审查。⑨承办国务院交办的其他事项。

2. 各职能部门现状

国家体育总局内设 9 个职能司（厅）包括：办公厅、群众体育司、竞技体育司、体育经济司、政策法规司、人事司、对外联络司、科教司和宣传司。

3. 运动项目管理中心现状剖析

（1）运动项目管理中心的组织构建

为进一步提高政府体育行政管理机关的管理效率、精简组织机构、优化管理职能，适应体育社会化、市场化、产业化的发展需求，国家体委在经过充分证论后，提出了以运动项目管理体制改革为龙头的组织机构变革。

1988 年，国家体委进行了机构改革，选择了登山、足球、棋牌等运动项目进行改革试点。1994 年，国家体委成立了 14 个运动项目管理中心，1997 年又组建了 6 个，并对 3 个运动项目管理中心进行了调整，撤消了业务司和训练、竞赛综合司,从而使 20 个运动项目管理中心管理着 41 个单项运动协会和 56 个运动项目。

运动项目管理中心作为国家体育总局的直属事业单位,行使着对运动项目的全面管理职能,是独立的事业法人,是单项运动协会的办事机构,是连接国家体育总局与协会的桥梁和纽带。现阶段,由于运动项目管理中心既是国家体育总局的直属事业单位,又是运动项目协会的常设办事机构,因此,既不同于我国传统的计划经济体制下由政府直接操办竞技体育的管理模式,又与国外的运动项目协会制存在很大的区别,是一种符合现阶段国情的过渡性管理体制。这一改革是在充分考虑我国体育管理体制改革的具体情况,在政府主导下迈出的积极的一步,它将有效地保证新旧体制之间的平稳过渡,有利于各项目协会的实体化转变和体育行政机关向"管、办"分离的过渡。

(2)运动项目管理中心的主要职责

运动项目管理中心的具体职责主要包括:①全面负责运动项目的业务管理,研究和制定运动项目的发展规划、计划和方针政策。②负责和指导运动项目的普及、优秀运动队建设及后备人才的培养,指导体育俱乐部的建设与发展,管理国家队。③研究制定并组织实施全国运动项目竞赛制度、计划,负责全国运动项目竞赛的管理,制定全国比赛规程,审定运动成绩。负责运动员的注册、转会和运动员、教练员、裁判员技术等级评定。④组织运动项目的科学技术研究和科技服务,负责教练员、裁判员的业务培训,积极开展宣传工作和出版刊物。⑤开展国际交往和技术交流。⑥积极开展与运动项目有关的经营和服务活动,充分利用运动项目的优势,广开经费来源渠道,增强自我发展的活力和后劲。⑦搞好运动项目协会的组织建设,广泛联系和团结社会各界人士,充分发挥协会的桥梁与纽带作用。⑧完成国家体育总局交办的其它工作任务。

(3)运动项目管理中心的责权机制

运动项目管理中心是体育管理体制改革的直接产物,它具有双重身份:既是事业单位,行使行政管理职能;又是经济实体,进行竞技体育的事业经营和企业经营,但它并不是完全意义上的经济实体,是一种过渡性的组织,是经济体制转轨过程中计划经济与市场经济两种体制并存的产物。在转轨过程中,运动项目管理中心与运动项目协会是"一套人马,两块牌子",这种兼具"官"与"民"双重身份的中国式的管理制度,虽然在体育管理体制改革的初始阶段,具有创新色彩,但在实际运行过程中又滋生了新的"政、事不分"。现阶段，运动项目管理中心既是"办"竞技体育的业务部门，又是"管"竞技体育的行政部门。从国家体育总局与运动项目管理中心的关系来看，国家体育总局放权给运动项目管理中心，运动项目管理中心又对国家体育总局负责，国家办竞技体育的权力没有下放，而是将行政权力带进了市场，形象地说，现在的运动项目管理中心是一个混合体或半市场化运动项目管理与运行组织①。

4. 省、市体育局管理现状剖析

（1）省、市体育局的组织构建

我国竞技体育管理体制曾经过多次变更，设立过多种组织机构。每一类型的机构都相应地适应了一个时期的管理体制与运行机制，但在随后的变革中，由于历史遗留的客观原因及机构改革、人事变动等诸多影响因素，体制改革与机构的撤立并未完全同步，从而造成了多种类型管理组织机构并存的现象，这一现象突出地表现在地方一级体育管理组织机构的设置上。

自从"国家体育运动委员会"更名为"国家体育总局"并进行机构调整后，各地方政府也以"国家体育总局"的改革为风向标，紧随其后，大胆变革。从机构的名称变化上看，有的更名为"文体局"、"体育发展局"，有的更名为"体育局"、"教育、体育委员会"等；从机构的职能变化上看，有的成为事业单位，有的仍名为"体育运动委员会"。改革过程中，旧的体制与运行机制被打破，而新的体制与运行机制又尚未建立。由此可见，体育机构改革中出现的多种形式是改革过程的产物，不是改革的终极目标，上述各地方政府的改革方向与态度应该是积极的。

从我国省、市一级体育局组织构建上看，各省、市一级政府一般都设立体育管理的专门机构，负责对本地区体育工作实施领导、监督与协调职能。据调查统计②，我国省、市体育局一般内设 7~11 个管理机构，主要有办公室、培训竞赛处、群众体育工作处、体育经济处、宣传处、组织人事处、纪委办公室、监察室、机关党委办公室、离退休干部管理处、机关服务中心等。上述机构设置是通用的范示，而不同省、市体育局各有不同，有的多几个部门，有的少几个部门，如有的体育局将人事处和保卫处合成一个处，有的把纪委办公

① 李艳翎. 经济体制转轨时期中国竞技体育运行的研究 ［D］. 北京体育大学博士学位论文，2000，4.

② 李宁. 对我国新时期体育局组织构架的研究 ［J］. 体育学刊，2004（1）：30~32.

室、监察室和机关党委办公室合署办公等，不管合还是分，从机构的对照分析看，所设的机构基本涵盖了省、市级体育局的基本职能。

在国家政府机构调整之后，国家体育总局已责成 20 个运动项目管理中心行使对运动项目的全面管理职能，在此方面，部分省、市一级机构改革的步伐相对滞后，尚未完全建立起与国家运动项目管理中心相对口的地方运动项目管理中心。为进一步调查各地方省、市体育局项目管理体制改革的进展情况，本文选取了在我国各省、市体育局均已设项并得到普遍开展的，具有良好的社会基础、群众基础与组织基础的"篮球运动项目"为研究对象，以点带面，通过对各省、市篮球运动项目管理组织机构变革的调查，进一步论证我国地方体育管理部门运动项目管理体制改革的进展情况。

表 3 - 2　各省、直辖市、自治区管理篮球工作的部门调查　　（N = 31）

| 篮球运动<br>管理部门名称 | 体育局竞训处<br>（竞体处、<br>竞赛管理中心） | 球类项目中心<br>（篮、排球中心） | 篮球运动<br>管理中心 |
|---|---|---|---|
| 频数 | 19 | 9 | 3 |
| 百分比（%） | 61.3 | 29.0 | 9.7 |

国家体育总局篮球运动管理中心提供

表 3 - 2 是对现阶段我国 31 个省、直辖市、自治区体育局管理篮球工作现状的调查。统计结果显示：将体育局竞训处作为篮球运动管理部门的占 61.3%；将球类项目中心作为篮球运动管理部门的占 29.0%；将篮球运动管理中心作为篮球运动管理部门的仅占 9.7%。在我国 31 个省、直辖市、自治区篮球运动管理部门中，仅有 3 个地方机构已建立了与国家体育总局篮球运动管理中心相对口的地方篮球运动管理机构。

从本文对各省、市篮球运动项目管理机构变革的调查中可以看出，仅有 3 个省、市已完成了与总局篮球运动项目管理设置的对口衔接。"篮球项目"如此，其它"项目"的机构设置也令人堪忧。由此可见，在地方体育机构改革中，大部分省市的绝大部分项目还未与国家运动项目管理中心形成对口衔接、对口管理、对口指导的运行渠道。由于地方机构改革的步伐慢、阻力大、效率低，必然会影响与制约我国体育运动组织系统整体改革的进程与步伐。

另外，在我国县级政府机构改革中，有些省、市保留了县体育局，而大多数的县体育局则与文化局、教育局等合并，构成了"一块牌子、多个政府部门合署办公"的管理结构。原县体育局的部门、机构和人员编制在精简机构中被合并或撤消，县局以下的体育机构基本上都没有保留，而乡镇政府缩编后，绝大多数也不再设置专门的体育管理机构，因此，其基层群众体育的公共事务管理工作，全部由县体育局或合署的行政机构承担①。

（2）省、市体育局的主要职责

现阶段，各省、市体育局的主要职责可概括为：①进行体育训练和竞赛活动的组织、指导、检查、督促工作，并做好各运动项目训练和竞赛的计划、组织，以及教练员、裁判员和运动员的等级培训和核准工作；②指导并开展体育科学研究工作；③指导并开展群众体育活动，检查、监督和落实"全民健身计划"和国家体育锻炼标准，指导和配合有关部门做好群众体育项目协会、体育社团的资格审查和管理等工作；④进行体育经费、体育市场、体育设施的建设、机关财务等的计划和投资及监督管理工作；⑤进行体育队伍的思想政治和精神文明建设，体育业务宣传、组织和指导体育理论研究工作，负责制订体育发展规划、体改方案，体育科技规划和指导体育学会等工作。

随着各省、市级体育局管理职能定位的"宏观化"，将要求体育局投入更多的精力与花费更多的心思到对体育法规的制订与修改，体育管理的监督、指导与审核工作上，进而逐步实现向"小政府、大社会"的体育管理职能转变，即各省、市体育局的主要任务是宏观调控，将群众体育和专项体育的具体管理工作下放到各基层体育总会和体育协会，通过职能转变实现"小组织机构，高服务质量"的组织模式。

（3）省、市体育局的责权机制

从现阶段各省、市体育局组织机构设置及职责定位上不难看出，各部门之间依然存在着不同程度的"各自为政"、"职能重叠"以及"自定规则"、"自行监督"的情况，如：从"群体处"的职责定位上看，其既行使研究拟定群众体育工作发展计划和制定相应规章制度的工作，又行使群众体育社团、协会的资格审查、管理和监督工作；而无独有偶，"纪检部门"也行使其相应的管理责能，类似现象在也存在于其它部门之间。

从以往的分类上看，各省、市体育局的职能可以归纳为：体育竞赛与训

---

① 许宗祥. 构建服务型基层体育行政管理体系的研究［J］. 广州体育学院学报，2006（1）：7～11.

练、体育健康指导、体育信息管理、体育安全与监督、体育产业、体育外事活动和体育行政管理等 7 个方面。根据职能活动性质相近进行相互捆绑的做法，结合政府机构改革"精简、高效"的指导方针，体育局的职能可以合并为 5 大块：体育训练、体育竞赛与体育产业、体育信息与体育健康、体育安全与监督和体育行政管理。通过 5 大块的整体协调与优化运作，从而可以使省、市体育局组织机关的设置更科学、更合理，为实现"管、办"分离，行使"宏观调控"职能创造条件。

另外，以运动项目管理体制改革为龙头的 20 个国家级运动项目管理中心已建立多年，而与其形成"对口衔接"与"对口管理"关系的地方运动项目管理中心却进展缓慢，其现状令人堪忧。且不说能否建立 20 个运动项目管理中心，就连某些具有普遍群众基础、社会基础、体育基础的"球类项目"、"田径项目"等，现已将其调整为运动项目管理中心运行模式的也不多，因此，各省、市体育局组织机构改革的步伐"任重而道远"。

（四）"体育系统"的"纵向"组织运行绩效分析

1. 国家体育总局与运动项目管理中心

自 1996 年以来，体育行政部门按照中央的要求进行新一轮机构改革，于是陆续成立了 20 个运动项目管理中心，让它们去承担对运动项目的全面管理职能，体育行政部门因此可以部分地从日常体育事务的公共管理中解脱出来，转而专心致力于体育政策的制定及监督执行。这种设计的优点在于：体育行政部门不仅自身能达到"消肿"的目的，而且具有了一个以旁观者的身份审视运动项目管理质量及效果的机会。这样，一方面，体育行政部门自身可以告别官僚主义，同时也可以对项目管理中心任何的官僚主义倾向进行监督和纠正；另一方面，由于体育管理职能被部分地转移给运动项目管理中心，体育行政部门对体育领域内的公共权力的垄断局面也就被打破，能有效地遏制腐败行为的产生。

机构改革的初衷是好的，但在实际运行过程中两者之间又会产生新的问题。究其原因：其一，体育行政部门长期以来都是利用项目管理权来直接办体育，从而使管理中心应有的项目管理权被部分地"架空"；其二，在政府主导体制中，政治始终处于权力的顶端，项目管理中心在很大程度上成为新的政府官僚机构的组成部分，无法从根本上突破计划经济体制下过分依赖政府的体育管理模式；其三，由于管理中心的项目管理权不能完全到位，因此，缺乏独立地、创造性地开展工作的空间①。

在新旧体制交替过程中，上至国家体育总局下至其所属的事业单位运动项目管理中心，"职权模糊"是改革过程中不可避免的问题。现阶段，应合理地划分国家体育总局与运动项目管理中心的职权，使总局工作的重心上移，切实把制定体育政策和监督政策的执行作为中心工作，强化总局的宏观领导、协调、监督职能，健全规章制度，形成有效的监督、制约机制。对"中心"工作要加强宏观指导与监督，进一步明确"中心"的首要任务是组织实施"奥运争光计划"与"全民健身计划"，抓好运动项目的训练与竞赛工作，推动运动项目的普及与提高。进而使两者在"纵向"组织运行过程中，分工到位、责权明晰、精简高效。

2. 运动项目管理中心与地方体育局项目管理部门

就运动项目管理而言，各地体制改革的总体发展状况尚不均衡，有的省、市改革力度较大，已在部分项目上建立了与国家运动项目管理中心对口衔接的地方运动项目管理中心；有的省市仅就其运动项目管理体制的局部进行了调整，将某些项目与其它同类项目、同项群项目合并称为地方运动项目管理中心（如球类项目）；还有一些省市基本保持原组织结构现状，这样就其组织形式而言，就未能与中央管理机构在纵向管理上保持一致。现阶段，国家运动项目管理中心只针对一个项目"管得细、管得精"，管理组织机构健全、专人专事、职权清晰、分工明确；而部分地方体育局竞训处则针对全省的所有运动项目"管得粗"、"管得杂"，尚未形成完善的运动项目管理组织机构，事出多人、职责不清、权限模糊。因此，从中央至地方则形成了"细口颈"与"宽瓶体"的管理关系。

由于上下衔接不畅，政府在协会管理中的作用仍将继续。国家一级在形式上实现了运动项目向协会化管理的过渡，但地方体育行政机关仍然直接管理运动项目，进而造成国家各运动项目协会对省、市体育行政机关无法行使直接的行政隶属关系，因此，在具体工作过程中仍需要通过国家体育总局行政部门发布指令，而不能通过非政府组织渠道，政府在竞技体育管理中仍将行使管理职能。

---

① 鲍明晓. 关于建立和完善新型举国体制的理论思考［J］. 天津体育学院学报，2001（4）：48～51.

国家体育总局原局长伍绍祖同志在《系统科学与体育研讨会》的讲话中曾指出:"国家体育总局机构调整了,运动项目管理中心成立了,省(区、市)的体育管理怎么办?这是许多省市体委领导正在考虑的问题。国家体育总局和省(区、市)体委在运动项目管理上处于不同层次,情况差别比较大。国家体委改革的具体做法,不要照搬,也很难照搬。但是,改革原有的运动项目管理体制,建立起适应社会主义市场经济、符合各项目自身发展规律的新型管理体制是国家体委和地方体委的共同任务。国家体委进行了改革,省(区、市)也需要按照总的方向和思路作相应的改革,中央和地方在体制上应该衔接起来,否则,运转渠道不畅,对体育工作就会带来影响。"因此,地方体委的改革已势在必行,但是应该怎样改、步子怎样迈,将对中国体育事业的发展产生重要的影响。汤起宇在对省区市运动项目管理体制改革的研究中,针对影响省区市运动项目管理体制改革的主要因素进行了归纳分析①,他将 19 种影响因素分为:制约性因素,包括社会主义市场经济体制改革、国家现行体育管理体制、地方政府机构改革进程、本地政府对该项改革的重视和支持程度等;基础性因素,包括本地经济和社会发展状况、体育经费状况、群众体育意识、体育人口、本地现有运动场地和设施状况、项目的群众基础及普及程度以及原有运动项目协会的实体化程度等因素;相关性因素,包括体育训练、竞赛、科研体制等配套改革,体育行政部门领导者对改革的重视程度、体育行政部门领导水平、各体育组织工作人员的素质水平、国家体育总局运动项目管理中心模式的影响、运动项目管理组织结构的权限划分和管理关系、各种管理制度建立与健全程度、关于改革的宣传力度、全运会等重大比赛的体制等。从而得出,上述因素是制约地方体育管理体制改革的主要因素。

影响与制约地方运动项目管理组织机构改革的因素是多方面的,因此,各地方体育管理部门更应该在改革的过程中积极地探索符合各自实际状况、切实可行、组织完善的改革方案,以便在执行"总局"指令与方针的过程中,更加有的方矢、简捷高效、掷地有声。

① 汤起宇等. 省区市运动项目管理体制改革探略 [J]. 体育科学,1999(4):22~25.

## 二、"教育系统"纵向组织结构剖析

### (一)"教育系统"形成的历史沿革

20世纪60年代之前，"教育系统"的体育活动一直是群众体育和学校体育的重要组成部分，其目标与价值取向以群众体育服务于大众身体健康为主，即促进学生德、智、体全面发展。60年代初，由于当时许多省市体工队的优秀运动员均来自于高校，从而使"教育系统"的竞技体育水平得到迅速提升；但在"三年自然灾害"和"文化大革命"的影响下，高校竞技体育随着高校教育的停顿而削弱。为了使国家竞技体育水平在这一时期内有持续的提高，国家在全国各省市、自治区建立了完整地、独立于学校和社会其它各个领域的国家体育行政机构（即"体育系统"），国家采用"统收、统分、统支、统包、统管"的方式，为"体育系统"的正常运行提供了资金、物质及政策上的保障。随着文化大革命的结束，1978年邓小平同志指出："培养人才有没有质量标准？回答是有的。这就是毛泽东同志说的，应该接受教育，在德育、智育、体育几方面都发展……今后，不仅大中学校招生要德、智、体全面考核，择优录取，而且各部门招工用人也要逐步实行德、智、体全面考核"[1]。邓小平同志上述要求首先在学校得以体现。1983年教育部发出《关于制定学生毕业、升学体育合格标准的意义和方案》，1988年开始逐步在高中、初中施行《中学生体育合格标准》，1990年经国务院批准实施《学校体育工作条例》等，为学校体育工作得以广泛开展和进一步改善奠定了理论基础。特别是随着改革开放的不断深入和社会主义市场经济体制的逐步建立，为学校体育的进一步发展提供了新的历史机遇。80年代初，中国重返奥运赛场，重新回到了国际竞技运动的大舞台，参与国际体育赛事的力度不断加大，繁重的竞技任务和经济体制改革进程中产生的财政压力，使"体育系统"独家承担国家竞技体育全部任务的难度日益加大。与此同时，"教育系统"本身也面临着世界大学生运动会等各种国际高校竞技体育交流的需要，这种需要也激发了"教育系统"发展竞技体育的积极性。自1986年起，原国家教委陆续下发了包括《关于开展课余体育训练，提高学校体育运动技术水平规划》在内的4个有关普通高等学校试行招收高水平运动队的通知。《规划》颁布后，使高校竞技体育目标更加

---

① 邓小平文选1975～1982［M］. 北京：人民出版社，1983. 103～104.

明确地针对了"奥运争光战略"和"备战世界大学生运动会"的战略需要。近年来，随着社会主义市场经济体制的建立及教育产业化的发展进程，"教育系统"的体育功能正在拓展，价值取向也呈现出多元化的发展倾向。

（二）"教育系统"的纵向组织结构

"教育系统"即政府非专门的体育管理系统，在行政隶属关系上接受国家教育部的直接领导。其"纵向"管理组织结构为：国家教育部——教育部体育卫生与艺术教育司、全国学生体育联合秘书处——省、市教育厅体卫艺处。（见图3－3）

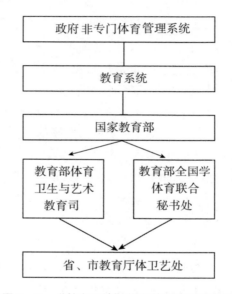

**图3－3　"教育系统"纵向管理组织结构图**

在"纵向"结构中，国家教育部处于最高层次，其下设的教育部体育卫生与艺术教育司和教育部全国学生体育联合秘书处统管制定与实施学校体育方针、政策，各省、市教育厅体卫艺处是其下属的操作层与执行层。

（三）"教育系统"的纵向组织职能

1. 国家教育部现状探析

国家教育部是主管教育事业和语言文字工作的国务院组成部门。其主要管理权限中规定的"教育部负责规划并指导各级各类学校的思想政治工作、品德教育工作、体育卫生与艺术教育工作及国防教育工作"是针对大中小学的体育管理工作所确定的主要职责。

近年来，教育部已将学生体育训练与竞赛工作摆到了重要的位置，为提高管理效率，促进学校体育快出成绩、出好成绩，教育部在体育卫生与艺术教育司的基础上，将体育训练与竞赛的管理工作独立出来，成立了教育部全国学生体育联合秘书处，从而在"教育系统"内部形成了有专门机构、专门组织与专职人员来管理全国学校体育训练与竞赛工作。

2. 教育部体育卫生与艺术教育司现状探析

教育部体育卫生与艺术教育司属于司局级体育、卫生与艺术教育的管理机构，主要负责全国学校体育、卫生与艺术教育的管理工作，其主要职责是：宏观指导学校体育、卫生健康和艺术教育工作，制定有关体育、卫生、艺术的教育和教学的指导性文件；协调大、中学学校及学生参加体育和艺术教育等交流活动；规划并指导有关的专业教材建设、专业师资培训；指导并协调学校国防教育和学生军训工作。

3. 教育部全国学生体育联合秘书处现状探析

教育部全国学生体育联合秘书处是主管全国学生体育工作的职能部门。它既是教育部直属的事业单位，同时又是大、中学生体育协会的常设办事机构。全国学生体育联合秘书处的主要职责是：负责全国大、中学生的体育训练与比赛工作及对我国大、中学生体育协会的日常管理工作。

自第22届世界大学生运动会结束之后，国家体育总局已明确规定，把组队参加世界大学生运动会的任务移交给教育部，即从2005年的世界大学生运动会开始，将由教育部全国学生体育联合秘书处着手将自己的"大学生运动员"推向世界竞技舞台，这也为"教育系统"体育事业的发展提供了难得的机遇与广阔的平台。教育部全国学生体育联合秘书处如何抓、怎样抓、从哪抓、抓什么、抓多少，以及如何借助长期以来在"举国体制"下形成的"体育系统"的优势，力求合理并轨、体教结合，最终实现"双赢"战略，将是近阶段"教育系统"最重要的工作"任务"与"使命"。

4. 省、市教育厅体卫艺处现状探析

各省、直辖市、自治区教育行政主管部门均设有体卫艺处；各地、市教育行政主管部门还设有体卫艺科；各县、市、区教育行政主管部门设有体卫艺股或专门配备体育干部。省、市教育厅体卫艺处是主管省（市）学生体育、卫生、艺术工作的职能部门。其主要职责是：根据国家行政主管部门的政策、法规文件，结合本地区的实际情况制定适合本地区学校体育工作开展的有关规定和要求；落实、督促、检查、评估有关本地区学校体育工作的开展情况；组织开展学校体育竞赛活动；指导学校体育学术研究等。

表3-3　各省、直辖市、自治区教育厅管理体育工作的部门　　（N=31）

| 管理体育工作部门名称 | 教育厅体育卫生（艺术）处 | 其它管理部门 |
| --- | --- | --- |
| 频数 | 31 | 0 |
| 百分比（%） | 100 | 0 |

国家教育部全国学生体育联合秘书处提供

表3-3是对现阶段我国31个省、直辖市、自治区教育厅管理体育工作的现状调查。统计结果显示：31个地方教育厅均将体育卫生（艺术）处作为管理体育工作的主要部门，即地方体育卫生（艺术）处在"纵向"隶属关系上，要接受教育部体育卫生与艺术教育司和全国学生体育联合秘书处的双重管理；在"横向"职能上，同时要兼管体育、卫生与艺术三项工作。与"体育系统"的"国家体育总局各职能部门与运动项目管理中心——省市体育管理部门"的组织结构设置相比，"教育系统"的"教育部体育卫生与艺术教育司、全国学生体育联合秘书处——省市教育厅体育卫生（艺术）处"的组织结构设置、管理权限分配更加缺乏管理的针对性、具体性与全面性。

（四）"教育系统"的"纵向"组织运行绩效分析

与国家教育部全国学生体育联合秘书处仅负责"体育"一项的训练与竞赛管理工作相比，各省、市教育厅体卫艺处在组织结构设置与管理权限的分配上，由于将"体育、卫生、艺术"三者融为一体，进而使管理权限更加宽泛、管理名目更为繁多。该组织机构设置的现状，反映了"教育系统"组织体系"纵向"层次上的"上精下繁——即越往下责权分配越不精细的现状"，待落实到具体的运动项目管理上，即已形成"事出多门、事出多人、事出多头、事出多因"的管理局面，此种现状必将造成"教育系统"内体育管理工作中相互推诿、职责不清、效率低下的不良后果。

### 三、"社会系统"纵向组织结构剖析

（一）"社会系统"形成的历史沿革

在中国体育事业漫长的发展历程中，"社会系统"办体育曾几经沉浮。在

计划经济时期，与之相适应的是实行政府型体育管理体制，政府在各行政层面上均设立了专门的机构，从宏观到微观采取行政方式管理体育。在此种体制下，"社会系统"不具备实质性的管理功能，国家承担了绝大部分的经济义务，其主要管理手段也必然是行政手段。国家经济上的落后，导致社会体育经费的严重匮乏，社会体育本身缺乏"造血"功能，经济上不能自我创收，社会体育的发展不能呈现良性循环的局面，社会体育发展的两个基本条件之一的物质条件得不到满足，从而严重地制约了社会体育的客观发展。政府过度的微观行政管理，使"社会体育系统"在相当长的一段时间内被划入上层建筑领域，其精神需求屈从于国家的政治需要。

中华全国体育总会成立于1949年10月，1950～1952年期间，曾承担了体育宣传、人员培训、国际体育交往、推动群众体育发展等多项工作。1952年11月，国家体育运动委员会宣告成立，它拥有对全国体育运动的全面管理职能，进而使中华全国体育总会行使的主要工作职能已名存实亡，中国奥林匹克运动委员会也有类似的命运。中华全国体育总会与中国奥林匹克委员会作为名义上的组织与各国际体育组织保持联系，已成为其存在的主要价值。形成这一现象的根本原因是政府垄断了社会的全部体育资源，包括体育人才、体育场地设施、资金等有形资源和参与体育的机会、能力、技术、知识、信息等无形资源，一方面使体育社团的工作与政府工作重复，每次机构精简，体育社团则首当其冲；另一方面，体育社团对政府的依赖性加大，人员由政府调配，经费统一由国家预算开支，致使体育社团逐渐失去了民间性[①]。

建立市场经济体制后，我国的政治体制出现了"社会分化"趋势。"社会分化"是指社会系统中原来承担多功能的某一结构要素发展为承担单一的多个结构要素的过程。现阶段，我国体育管理体制改革的关键问题就是社会结构分化后如何进行重新整合。"分化"意味着各结构要素之间相互依存关系的加强，意味着政府要简政放权；"整合"则意味着政府由直接管理转向间接管理，加强宏观调控。可以说，在此阶段社团起到了一种"桥梁"与"纽带"的作用。国家通过"社团"这一新的组织形式，以新的非行政的联结方式将政府组织与社会组织重新整合起来，在弥补原有单一行政手段不足的同时，建立起新的"社团"管理体系。1992年，原国家体委在《体育事业十年规划和

---

① 卢元镇.论中国体育社团［J］.北京体育大学学报，1996（1）：1～7.

"八五"计划》中指出:"现阶段应加快体育社会化进程,进一步宣传体育社会化意义,拓宽社会办体育的路子,健全现有各种体育组织,充分发挥群众体育社团在决策、咨询、组织活动和培养人才、广开财源等方面的作用,将有条件的群众体育协会办成实体或半实体"。1993 年,原国家体育在发出《关于深化体育改革的意见》中指出:"改革原来在计划经济体制下,过分依赖国家和主要依靠行政手段办体育的高度集权的体育体制,建立与社会主义市场经济体制相适应的,符合现代体育运动规律、国家调控、依托社会、自我发展、充满生机和活力的体育体制和良性循环的运行机制,形成国家办和社会办相结合的格局。"由此可见,在全面深化体育体制改革的过程中,体育社会化将是中国体育事业发展的主要方向。

(二)"体育社团"释析

"社团"是在市场经济体制转轨过程中,使用频率较高的一个概念。它是市场经济发展到一定阶段的必然"产物"。

1. "体育社团"的内涵

"社团"是社会团体的简称,是非营利组织的主要组成部分。当前,随着社团在社会领域中的迅猛发展,社团研究逐渐受到关注。但至今为止,理论界还尚未给"体育社团"作出一个明确的界定。经济领域的研究侧重于"体育社团"作为市场中介的作用,所以使用更多的是"体育中介组织";政治领域则称之为"体育社会组织"、"体育社团"、"体育准利益集团"、"体育协会"或"体育非政府组织",侧重于它在政治领域的地位和作用及与政府的关系问题;社会领域则把它叫做"体育社团"、"体育非营利组织"、"体育公益组织"、"体育自愿组织"、"体育慈善组织"和"体育自治组织"等,强调的是这一领域的独立性和公益性;管理部门在正式的法规中则把其界定为"社团"和"民办非企业组织"①。我国 1998 年新的《社会团体登记管理条例》中把社团定义为"社会团体,是指中国公民自愿组成,为实现会员共同意愿,按照其章程开展活动的非营利性社会组织。"体育社团,就是以体育运动为目的或活动内容的社会团体。具有以下特点:民间性,根据中华人民共和国民政部《社会团体登记条例》"体育协会从属于社团管理范畴"的规定,体育社团也应具有民间性,它是民间自治体育活动的组织形式,这是体育社团的基本社会

---

① 崔丽丽. 中国体育社团研究 [J]. 山东体育学院学报, 2002 (1): 33~36.

定位；非营利性，体育社团不能以盈利为目的，有关法令规定"社会团体不得从事以营利为目的的经营性活动"；互益性，体育社团的成员要在所组织的活动中取长补短，互利互惠。①

近年来，多将"体育社团"界定为：经各级体育局审批并经各级人民政府部门依法核准登记成立，目前由各级体育行政部门作为业务主管单位的体育协会、学会、研究会、联谊会、基金会等非营利性社会组织。随着我国经济体制转轨和社会转型，体育社团作为国家发展体育运动的主要组织形式，已成为我国体育运动管理改革与发展的必然趋势，对于加快政府职能转变，实现市场经济高效有序发展，整合社会利益，推动社会良性运行具有重要意义。

市场经济体制下的体育社团发展具有以下本质特征②：其一，成员主体化特征；其二，纲领的务实化；其三，组织管理一体化；其四，物资的实力化；其五，经济的实体化。

2. "体育社团"的发展困惑

据2004年对26个省（区、市）"体育社团"数量的调查可知，我国各级、各类体育社团已达53万个，团体会员21.3万个，个人会员866.5万人。③由此可见，在我国社会大环境、大背景的影响下，"体育社团"的发展速度与规模正在呈现迅猛的增长趋势。它除了与人们生活水平普遍提高、健康意识逐渐增强有直接关系外，还与"体育社团"相对于其他类社团所具有的较弱的政治性、较贫的学术性，及由此可以获得的较宽松的生存环境、较广泛的社会基础和较充足的人力资源密不可分。但是，由于"体育社团"在长期形成过程中所产生的"途径依赖"，也使"体育社团"并未从根本上改变"政、社分离"的状况。以"社团"应具有的非政府性、非营利性、自治性、组织性、志愿性等特征来衡量现有的"体育社团"，其还不是真正完整意义上的社会团体。

在我国，体育事业的发展已经进入国家调控、依托社会、全民参与的新时期，因此，也迫切地需要"体育社团"尽快地打破与政府部门"重叠同构"的尴尬境地，使其切实担负起"社团"应尽的"社会责任和义务"。

① 李晴慧. 体育社团与体育体制改革［J］. 体育学刊，2002（3）：138～140.
② 梁俊雄. 体育社团实体化发展新探［J］. 体育科学，2001（1）：26～28.
③ 王广虎. 论我国体育社团改革的基础构建［J］. 成都体育学院学报，2005（2）：12～16.

（三）"社会系统"的纵向组织结构

依据高等学校教材《体育管理学》中将"社会系统"分为两个子系统①，即社会专门体育管理系统和社会非专门体育管理系统。社会专门体育管理系统，是由专门从事体育管理工作的社会组织构成，即中华全国体育总会系统、中国奥委会系统、中国体育科学学会等。社会非专门体育管理系统，是指某些群众性体育组织而言，主要由体育爱好者自发组织起来的各种各样的群众性体育团体，这类组织具有自组织、自管理和自发展的特点，其管理范围仅限于本组织内部。[限于研究的针对性，文中将只对"社会系统"中的社会专门的体育管理系统，即中华全国体育总会系统及中国奥委会系统进行研究]（见图3－4）

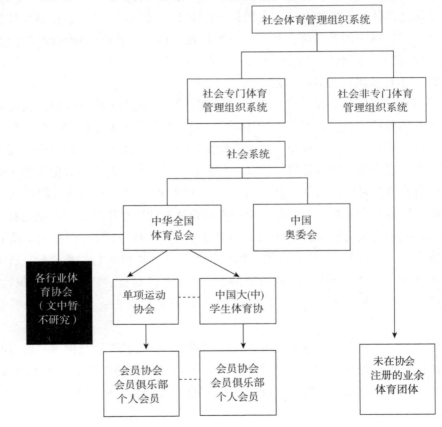

**图3－4　"社会系统"纵向管理组织结构图**

① 秦椿林等．体育管理学——高等学校教材［M］．北京：高等教育出版社，2002. 65～66.

在社会专门体育管理组织系统的"纵向"结构中，中华全国体育总会与中国奥委会处于最高层次，是体育社会化的组织、领导与决策者，其下设的单项运动协会，是其决策的管理者；其会员组织是其基层的操作层与执行层。

（四）"社会系统"的纵向组织职能

1. 社会专门体育管理组织系统——中华全国体育总会现状剖析

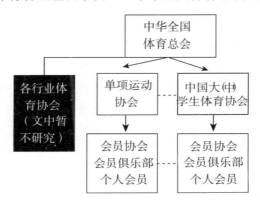

**图3-5 "中华全国体育总会"纵向管理组织结构图**

（1）中华全国体育总会现状剖析

①中华全国体育总会的组织构建

中华全国体育总会，简称"体总"，前身是"中华全国体育协进会"，1949年10月成立中华全国体育总会，总部设在北京。该会属于群众性体育组织，是党和政府联系体育工作的纽带。全国委员会为最高权力机构，委员每届任期5年。中华全国体育总会的团体会员现有152个，包括全国各省、自治区、直辖市体育总会（台湾省保留名额），122个全国单项运动协会和行业系统体育协会。地方体育总会按行政区划分，在县以上成立。目前，中华全国体育总会与国家体育总局是一个机构，两块牌子。中华全国体育总会及其活动接受其业务主管单位国家体育总局及社团登记管理机关民政部的业务指导和监督管理。

②中华全国体育总会的主要职责

中华全国体育总会的宗旨是：联系、团结全国运动员和体育工作者，努力发展体育事业，普及体育运动，提高全民族的身体素质；不断提高运动技术水平，攀登世界体育高峰，促进社会主义物质文明和精神文明建设，为社会主义服务，为实现祖国和平统一与增进世界人民的友谊服务。其主要职责是：宣传和推动群众性体育活动的开展，大力促进体育社会化；对体育运动的方针、政策发展战略和措施提出建议；举办或与有关部门联合举办全国性、地区性的比赛和体育活动；通过体育活动向运动员、青少年进行爱国主义、革命英雄主义、集体主义和国际主义教育，培养勤奋进取、顽强拼搏、团结友爱等优良品德和遵纪守法的观念；组织体育理论、运动技术等专题调查研究，积极发挥咨询作用；加强与全国体育组织的联系，沟通情况，交流经验，指导工作；开展与其他国家和地区间的体育交流。

（2）单项运动协会现状剖析

本世纪初，将竞技体育推向社会、推向市场的一个重要举措将是单项运动协会实体化，即将有名无实的各个单项运动协会，逐步改造成为具有法人资格的社会团体，并担任各自项目的主要业务管理和负责各自项目的发展事宜。单项运动协会是一种最具社会性的体育运动团体，随着我国体育管理部门性质的改变，体育社会化程度的加大，深刻探讨单项运动协会的发展走向将成为我国体育管理组织系统优化配置的重要保障。

①单项运动协会的组织构建

根据《奥林匹克宪章》和其他国际体育组织章程的有关规定，全国性单项运动协会是一个国家某一运动项目的最高领导机构，一个国家某一项目的全国性单项运动协会一般只能有一个。全国性单项运动协会必须隶属于一个国际单项体育联合会，并按其规则开展自己的活动。而我国的单项运动协会管理体制的内涵可以作如下归纳①：单项运动协会管理体制是运动项目管理的机构设置、责权划分、运行机制、经费保证和规章制度等方面的总和，是实现运动项目总体目标的组织保证。

单项运动协会是具有独立法人资格的全国性群众体育组织，是由各省、自治区、直辖市单项运动协会、各行业协会及解放军相应的体育运动组织为团体会员组成的全国性、非营利性的联合组织，是中华全国体育总会的团体会员，是中国奥林匹克委员会承认的奥运会项目组织，是代表中国参加国际单项运动联合会和亚洲单项运动联合会的唯一合法组织。单项运动协会接受国家体育总局、民政部的业务指导和监督管理。各单项运动协会的最高权力机构是全国委

① 尚东. 体育事业管理百科［M］. 长春：吉林音像出版社，2003. 25～26.

员会，常务委员会是执行机构，秘书处负责日常工作，下设教练、竞赛、裁判和科研等专项委员会。

②单项运动协会的主要职责

单项运动协会的主要职责是：宣传、组织广大群众积极参加体育运动；增强体质和提高运动技术水平；举办国际性比赛；组织全国性的各类各级竞赛和训练工作；拟定竞赛制度、竞赛规则和竞赛纪律；组织培训教练员、裁判员；制订运动员、教练员、裁判员等级制度；选拔和推荐国家队教练员、运动员，组织国家队集中和参加国际比赛；组织科学研究工作等。在单项运动协会注册的会员包括：会员协会、会员俱乐部及个人会员。

③单项运动协会发展的制约因素

20 世纪 50 年代，我国参照前苏联模式建立起政府主导型的运动项目管理体制，国家体育行政部门对运动项目进行直接管理。各单项运动协会大都是"名义"性的，协会的办事机构与有关业务主管部门的职能处、室融为一体，协会没有专职干部、编制与资金，缺少自身体制与机制的内涵①。80 年代，随着我国社会主义市场经济体制的初见端倪，这种带有浓厚计划经济色彩的项目管理体制逐渐丧失其优越性，其固有的弊端在新形式下越发明显地暴露出来。自 1988 年起，国家体委分阶段、逐步地把运动项目管理的职责从机关中分离出来，加强了单项运动协会的管理，但目前单项运动协会与项目管理中心仍为"一套人马，二块牌子"的二合一建制。尽管运动项目管理中心的建立与以前相比确实有所改善，但仍然没有从根本上解决依赖国家办体育的实际问题，未能突破计划经济体制下的体育管理模式，且单项运动项目协会的管理职能并未得到充分发挥②。

为深入剖析现阶段我国单项运动协会的构建成因，本文对制约其发展的"内、外"因素进行了深入地分析。从外因看③：其一，体育改革必然受制于经济体制和其他社会体制改革进程的影响，而生存于新旧体制夹缝中的单项运动协会，在"社会"大环境的影响下，还要经历一个改革与完善的过程；其

① 张人民．从比较中看我国单项运动协会制存在的问题［J］．体育文史，1995（2）：1~7.

② 刘青．新时期政府发展体育事业的职能及职责的界定［J］．成都体育学院学报，2003（1）：12~15.

③ 马志和．我国单项运动协会的角色定位与制度变迁［J］．北京体育大学学报，2003（2）：265~267.

二,我国是发展中国家,生产力水平不高,体育市场规模较小,市场机制发育不够成熟,也将制约单项运动协会的发展;其三,人们的思想观念、思维方式等因素也将制约单项运动协会制度变迁的过程;其四,以后进现代化国家成功的例子为证,证明一种成功的市场机制总是在国家的干预与扶植之下才能成长与完善起来,而我国单项运动协会的发展,也离不开国家的干预与扶植、影响与制约。从内因看:其一,单项运动协会的内部运转主要依靠行政的方式、方法,没有从改革的根本点——即体制与机制上进行深入地探索;其二,单项运动协会未能充分地发挥其社会办体育的积极性,社会参与管理、参与决策、参与组织的机制有待进一步地建立、健全与完善,尚未真正地体现出"谁投入、谁所有、谁负责、谁受益"的原则;其三,单项运动协会在确立运动项目发展的总体思路时,存在着"重提高、轻普及"的倾向,对竞技体育运动水平的提高考虑过多,投入的人力、物力、财力较大,而对群众体育运动的普及考虑较少、政策导向与资金投入有限。由此可见,单项运动协会在兼具"官、民"二重特性的、我国所特有的管理体制的约束下,协会只是名义上的对外联络组织,其实际的组织职能并未得到充分的发挥。

(3)中国大(中)学生体育协会现状剖析

①中国大(中)学生体育协会的组织构建

中国大(中)学生体育协会是全国性群众体育组织,是中华全国体育总会的团体会员。中国大学生体育协会成立于1975年,中国中学生体育协会成立于1973年,总部均设在北京。最高权力机构是全国会员代表大会,下设秘书处和教学、训练、竞赛、科研等委员会,并设田径、篮球、足球、排球、乒乓球、橄榄球、羽毛球、手球、网球、棋类、游泳、击剑、健美操艺术体操、民族传统体育和国防体育等15个分会。

②中国大(中)学生体育协会的主要职责

中国大(中)学生体育协会的主要职责是:在全国大(中)学校学生中宣传、贯彻国家的教育方针和体育工作方针、政策;协助国家教育部举办全国性大(中)学生体育比赛和其他体育活动,促进与世界各国学校体育组织的联系,组织参加国际大(中)学生体育比赛。作为协会性组织,中国大(中)学生体育协会在管理过程中与单项运动协会也存在着同样的问题。

(4)各行业体育协会现状剖析

各行业体育工作的主管部门,也是中华全国体育总会的团体会员,我国行业体育协会大多属于各行业的直属单位，各行业体育工作由其主管部门负责。行业体育协会不仅具有较完善的组织系统和经验丰富的体育干部队伍，而且还拥有雄厚的经济实力，并且易于管理，便于开展活动。现阶段，我国主要的行业体育协会包括：中国地质体育协会、中国电力体育协会、中国航天体育协会、中国火车头体育协会、中国机械体育协会、中国科学院体育协会、中国林业体育协会、中国煤矿体育协会、中国汽车工业体育协会、中国前卫体育协会、中国石油体育协会、中国水利体育协会、中国冶金体育协会、中国银鹰体育协会、中国邮电体育协会等。限于本研究需要，本文将只指出作为中华全国体育总会系统内现存的各行业体育协会的名称与存在的意义，并不针对各行业体育协会展开深入的研究与分析。

2. 社会专门体育管理组织系统——中国奥委会现状剖析

（1）中国奥委会的组织构建

中国奥林匹克委员会简称"中国奥委会"，它是国际奥林匹克委员会的会员国组织，总部设在北京。中国体育组织早在 1922 年即被国际奥委会所承认。中国奥委会原与中华全国体育总会为同一单位，1954 年国际奥委会承认中华体育总会为中国奥委会。1958～1979 年中国奥委会曾一度中断与国际奥委会的关系。1979 年 10 月 25 日，国际奥委会接受了中国奥委会的提案，在国际奥委会"名古屋"执委会上通过恢复中国在奥委会中的合法席位，国际奥委会承认中国奥委会为中国全国性奥委会，使用中华人民共和国国旗和国歌，使中国重新回到国际奥运大家庭。中国台北奥委会作为中国的一个地方机构保留在国际奥委会内，但不得使用原来的会旗、会徽和会歌。

中国奥委会是以发展和推动奥林匹克运动为主要任务的体育组织，代表中国参与国际奥林匹克事务。最高权力机构是全体委员会会议，执行委员会每四年改选一次。执行委员会下设秘书处、群众体育部、宣传部、竞赛部等办事机构，其业务一般由国家体育总局对外联络司兼任。现阶段，中国奥委会仅为名义上的对外联络组织，其具体的行政职能与中华全国体育总会合二为一，现为"两块牌子、一套人马"的结构设置。

中国奥林匹克运动走向国际化的起步较晚，但在中央政府领导下，其国际化步伐越来越大，已跨入世界奥运强国之列。在中国奥林匹克运动的组织管理过程中，政府发挥了重要的作用。目前，中国正处于经济体制改革和与国际接轨的转型时期，正逐步实现从计划经济向市场经济的根本性转变，这种国家调控、依托社会、自我发展，充满生机与活力的管理体制和良性循环的运行机制在过渡阶段比较符合我国的具体国情及现代体育运动的发展规律，但在"后奥运时代"到来之时，奥林匹克委员会的发展走向，也应在国家办与社会办相结合的前提下，逐步走向自主管理、自主运行的发展轨道。

（2）中国奥委会的主要职责

中国奥委会的宗旨是遵守宪法、法律、法规和国家政策，遵守社会道德风尚，在中国宣传和发展奥林匹克运动。根据国际奥委会《奥林匹克宪章》规定，中国奥委会在非营利的活动范围内享有在中国举办的与奥运会和奥林匹克运动有关的活动中使用奥林匹克名称、标志、旗、格言和会歌的权利，并有在中国保护上述奥林匹克名称、标志、旗、格言和会歌不受非法使用的责任与义务。中国奥委会接受国家体育总局、民政部社团登记管理机关的业务指导和监督管理。

3. 社会非专门体育管理组织系统现状剖析

社会非专门体育管理组织系统，即社会体育管理系统中的基层群众体育组织和民间群众体育组织，它是为了满足不同群体开展社会体育活动需要而成立的社会体育组织，在体育发达国家是由各单项运动协会来管理的。我国的群众体育组织只有较少的一部分在各单项运动协会下注册，绝大部分还未纳入到单项运动协会进行管理。现阶段，我国民间群众组织具有自组织、自管理和自发展的性质，全国单项运动协会对这些组织并没有在组织、技术、规则等方面进行科学化、系统化的管理，任其自生自灭，无序发展。此种"窘境"，使群众体育组织陷入了基础薄弱、生存艰难、发展缓慢的境地。

## 第五节　我国体育管理的组织系统"横向"结构剖析

"横向"即在同一等级、同一层次、同一水平面上以平行的方式进行排列。我国体育管理组织系统中的"横向"结构，即在管理体系上是由国家级、地方级两个"横向"层次构成。其中，在每个"横向"层次上均包括：体育、教育与社会三个平行的"系统"。

### 一、"体育、教育与社会"三系统横向关系探析

审视我国体育事业发展历程，我国体育运动主要担负的是在国际竞技体育舞台上展示国家综合实力、振奋民族精神的职能，其主观意识形态色彩浓厚。

在此种指导思想下，竞技体育长期成为我国体育发展的战略重点，并由此形成了具有中国特色的体育管理模式，把竞技体育成绩作为国家体育强盛的标志。辩证地看，竞技体育在增强民族凝聚力、提升国际地位等方面所起到的作用有目共睹，勿庸质疑；然而冷静地思考"得与失"之间的相互关系，我们会发现，竞技体育成绩的提高，是以耗费我国体育事业发展的大部分资源及严重削弱我国学校体育与群众体育发展作为代价的。反观国外的部分发达国家，他们大多数将体育运动的发展定位于提高国民生活质量和健康水平的大众体育发展上。发展大众体育的一个重要基础是搞好学校体育，而学校体育恰好又是竞技体育的基础。世界体育强国美国的实例证实：以"夺标育人"为导向的学校体育高度发达，优秀运动员从大中学不断涌来；大众体育和竞技体育的协调发展为体育产业的发展提供了强大动力，进而又刺激了更多的青少年儿童参与学校体育。美国体育已形成了以学校体育为基础，以体育产业为中心，竞技体育与大众体育协同发展，相互依存、相互促进的良性循环的发展态势。

由此可见，"后奥运时代"中国体育事业的发展也应在尊重国情的基础上，取其精华，加速体育社会化的发展步伐，强化学校体育与群众体育的基础建设，真正使"体育系统"、"教育系统"与"社会系统"三者之间有机融合、优势互补、协调发展。

## 二、"国家级"横向组织结构剖析

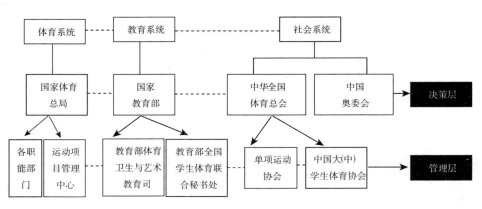

**图 3 - 6 "国家级"横向体育管理组织结构**

图 3 - 6 是"国家级"横向体育管理组织结构的构建图。以"体育系统"、"教育系统"与"社会系统"三系统为子系统，在"国家级"层次上，依据

管理的目标指向与管理责权，可以分为"决策层"与"管理层"两类层次。

（一）决策层——"横向"组织运行绩效分析

1. 国家体育总局与中华全国体育总会、中国奥委会

目前，国家体育总局、中华全国体育总会、中国奥委会仍然是三位一体的机构设置，体现了政府对竞技体育的管理职能，削弱了社会对体育的管理职能，国家"管、办"竞技体育的权力并没有下放。现阶段，虽然政府机构中的某些职能已经减弱，但机构设置依然庞大；各部门、各层次之间的沟通协调机制不完善。而作为群众体育组织的最高机构——中华全国体育总会形同虚设，没有独立的人事任免权，无真正意义上的决策权，缺乏民主决策机制。中华全国体育总会的主要职责之一即是"接受其业务主管单位国家体育局及社团登记管理机关中华人民共和国民政部的业务指导和监督管理。"因此，如果机构改革不能转变中华全国体育总会的工作职能，那么改革就难以达到预期的目的。目前，急需理顺的关系是国家体育总局、中华全国体育总会、中国奥委会三者之间的相互关系。

国家体育总局是国务院直属机构，主管全国体育工作，是国家最高的体育行政机关；中华全国体育总会是全国性体育社会团体。在现有的体育管理体制下，二者是一个统一体，是一个过渡性的组织形式。中华全国体育总会和中国奥委会，其法律地位都属于社会团体，但是在新的"一个机构、两块牌子"的管理组织结构下，如何赋予中华全国体育总会与中国奥委会实际的管理权限，如何用好这两块牌子，以达到"管办分离"、"政事分离"的改革目标将至关重要。

从未来的体育管理体制改革与发展走向看，政府对体育的管理形式将由直接管理逐步转为宏观管理；政府对体育的管理手段将由主要依靠行政手段逐步转为主要依靠法律手段；政府对体育的管理方式将由主要依赖人治与身份约束的方式，逐渐转为主要依赖法治与契约的关系①。国家体育总局应是纯政府部门，中华全国体育总会、中国奥委会不应与其捆在一起，而应逐渐地与体育行政部门脱离，这既是实现"管办分离"的需要，也是实现社团工作实体化的需要。为此，现阶段应积极创造条件，支持与推进体育社团的实体化改革进程，按照"小政府、大社会"的模式处理国家体育总局与中华全国体育总会

---

① 王广虎. 论我国体育社团改革的基础构建［J］. 成都体育学院学报，2005（2）：12～16.

的关系，既要有效地改变中华全国体育总会对国家体育总局行政部门的依附与隶属关系，也要有计划地改变国家体育总局与中华体育总会"一个机构、二块牌子"的状况，实现中华全国体育总会的独立运作，进而从根本上区分二者不同的管理职能，充分发挥各自的管理优势。

2. 国家体育总局与国家教育部

国家体育总局与国家教育部在组织机构设置及行政管理职能方面均具有不同之处。国家体育总局作为国务院主管体育工作的直属机构，管理全国的体育工作，具有独立的行政管理职能。其主要职责是：研究拟定体育工作的政策法规、指导、推动竞技体育及群众体育活动的开展等。教育部是主管全国教育事业和语言文字工作的国务院组成部门。针对体育方面提出的主要职责是：教育部负责规划并指导各级各类学校的思想政治工作、品德教育工作、体育卫生与艺术教育工作及国防教育工作。从其对体育工作的管理职能来看，"体育系统"的国家体育总局是专门负责管理体育工作的国务院直属机构，其机构健全、职权清晰、分工明确；而"教育系统"的国家教育部是负责管理全国教育事业的国务院组织部门，在"宏观"管理范畴下，其"微观"的体育管理，则不如"体育系统"机构设置得那样"精、细、全、多"了。

（二）管理层——"横向"组织运行绩效分析

1. 运动项目管理中心与运动项目协会

现阶段，我国竞技体育管理体制改革的核心部分是运动项目管理体制改革，运动项目管理中心成为运动项目脱离直接行政控制的重要组织形式，与运动项目协会形成"二合一"的管办模式。我国单项运动协会内生于政府体育行政管理部门，依托于项目管理中心发挥作用，具有鲜明的"官民两重性"[①]。由于运动项目管理中心既延伸了一定的行政权力，又代行着诸多的协会职能，因此，在管理过程中不可避免地要采取行政手段，利用国家体育总局授予的行政权力维持利益、垄断资源，各单项协会的管理权与决策权，也牢牢地控制在运动项目管理中心手中。各单项运动协会只是运动项目管理中心的附庸品，既不能代表会员单位的利益，也不能提供相应的服务，协会成为无用的"摆设"，无法进行正常的工作运转，因此，也就得不到会员单位的赞同与支持。

―――――――――

① 马志和. 我国单项运动协会的角色定位与制度变迁［J］. 北京体育大学学报，2003（2）：265～267.

现阶段，我国所特有的运动项目协会建制，并不是真正意义上的协会制改革。它是按照计划经济体制形式，以行政手段为组建和运转模式，在政府主导下自上而下完成角色转换。"事、社合一"模式的长期存在，必然对协会制的改革形成严重的阻碍。据考察，西方的体育社会团体是由民间自发产生的，自下而上逐步建立起来的结构健全的民间组织形式，即协会制。而中国的体育社会化是在组织结构健全的政府体育管理体制中产生的。别人搞了几百年的事情，我们要在几年中完成，其间政府行政手段起到了极大的"推动"作用。因此，现阶段必须认清运动项目管理中心的过渡性质，重点发挥其帮助和推动协会建设的作用，使协会成为一个真正独立的实体，在市场中自主经营、自我发展。为此，国家应尽快完善具有独立法人资格的协会体系建设，使其成为竞技体育项目管理的主体，按照市场规则运作，加快体育发展的社会化进程。

2. 运动项目管理中心与教育部全国学生体育联合秘书处

从组织机构的性质上看：国家运动项目管理中心是"体育系统"专门管理各运动项目的国家体育总局直属事业单位；而全国学生体育联合秘书处是"教育系统"管理大、中学校体育训练与竞赛工作的教育部直属事业单位。从管理工作的任务上看：国家各运动项目管理中心是根据国家的法律法规和体育方针政策，统一组织、指导全国体育运动发展，促进体育运动普及与提高，推动体育运动社会化、产业化发展进程。全国学生体育联合秘书处负责推动全国大、中学生体育训练与竞赛工作的普及与提高。

近年来，由于"教育系统"可以很好地解决"体育系统"内部存在的"学与训"、"智与体"的矛盾，因此，"体教结合"问题得到了社会各界的广泛认同与关注。国家各运动项目管理中心与教育部全国学生体育联合秘书处已经充分认识到"双赢"战略对实现体育后备人才发展所具有的重要意义，因此，也正在逐步地协调与规划"体教结合"的组织体系与构建形式，进而寻找两者结合的最佳"切入方法"与最优"配置效果"。

### 三、"地方级"横向组织结构剖析

图3-7是"地方级"横向体育管理组织结构的构建图，以"体育、教育、社会"三系统为子系统，其管理目标指向与管理责权定位是"国家级"层次的主要执行层或操作层。

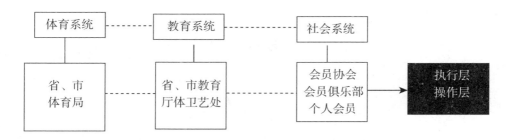

**图 3－7 "地方级"横向体育管理组织结构**

（一）执行层——"横向"组织运行绩效分析

1. 省、市体育局运动项目管理部门与省、市运动项目协会

以国家体育总局机构改革为风向标，各省、市体育运动项目也进行了不同程度的调整。通过改革，部分省、市在运动项目布局、协会化改革、项目中心试点管理等方面均取得了一定的成绩。但任何改革均是以利益的转移和再分配为基础的，由于地方机构改革受诸多因素的影响与制约，因此，各地方体育局在机构精简与人员压缩的过程中仍然困难重重。作为地方机构改革的主导目标，政府应简政放权、宏观调控，还利于民，进一步加快协会制改革步伐等项举措，但在具体的实施过程中仍然任重而道远。

为进一步了解我国各省、市体育局运动项目管理部门与运动项目协会的机构设置情况，本文以"篮球项目"为分析例证，具体地分析其基层体育组织机构的设置概况。

以篮球运动项目为例，本文对我国 18 个省、市管理篮球工作的政府体育行政机构与篮球协会进行了分析。主要包括：两者管理权限的划分、管理机构的设置及管理的法规制度。据图 3－8 的调查统计结果显示：75% 以上的专家认为，现阶段，两者在管理中存在着"责、权、利"管理权限混乱及管理法规、制度、条例尚待完善的问题，上述问题已成为制约"体育系统"与"社会系统"有机协调与良性发展的主要屏障。

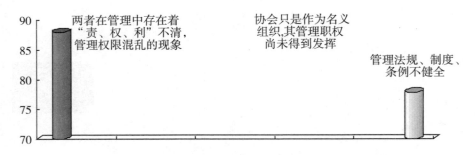

图3-8 省、市体育局管理篮球工作的部门与省、市篮球协会管理状况

赵晶，2005.

由此可见，地方级运动项目管理组织机构作为体育运动管理组织整体系统构成的环节、路径与要素，在改革与发展的过程中，虽然存在着诸如社会背景、历史原因、经济状况等多种因素的影响与制约，但在现有条件下合理地理顺"中心"与"协会"之间的相互关系，实现有限资源的优化配置，已经成为促进各省、市运动项目可持续发展的重要因素。

2. 省、市体育局运动项目管理部门与省、市教育厅体卫艺处

为进一步了解我国各省、市"体育系统"与"教育系统"的管理组织结构设置现状，本文仍选取篮球项目为分析个案，依据国家篮球运动管理中心与全国学生体育联合秘书处提供的相关资料得出（见图3-9）：现阶段，地方体

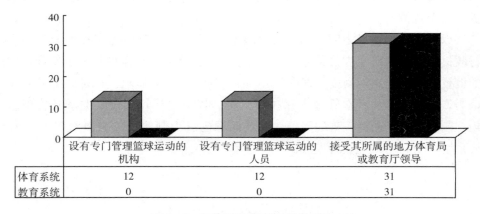

图3-9 两者组织管理现状的对比

赵晶，2005.

育与教育系统的篮球运动管理均分别隶属于各自的行政组织——地方体育局与地方教育厅。而在对篮球运动管理组织机构设置现状的调查中发现，体育系统优于教育系统，31个地方教育厅体卫艺处未有一处设有专门管理篮球运动的组织机构和专职工作人员，此种管理组织现状，必将影响两者之间的横向沟通与合作。

## 第六节　国外体育管理的组织结构构建探析

翻开世界版图，纵观世界各国体育发展模式，可概况为①：其一，以美、德、意、法等国家为代表的"西欧模式"，此模式是以市场化为基础的社会运转和管理模式，多以俱乐部为基础，以等级联赛为杠杆，以社会化、商业化为支柱形成的自我协调的管理模式；其二，以俄、保、匈等国家为代表的"东欧模式"，此模式以"休克疗法"为特征，进行大刀阔斧的体育体制改革，以"休克"举国体育体制为代价，伴随着阵痛强行执行的体育市场化、商品化、社会化改革等；其三，以日、韩等国家为代表的"东亚模式"，日、韩体育发展带有鲜明的后发展特征和东方文明特征，两国竞技体育从兴盛到落败，到再度繁荣，以及大众体育的蓬勃发展，均为我国体育事业的改革与发展提供了新思路。

本文试图通过对国外体育管理组织结构现状的分析，以便把握前沿动态，以继承与发展的观点，在立足国情的基础上，探讨完善我国体育管理组织结构的对策。在此，本文将列举几个具有典型性、代表性的范例进行针对性地研究。

### 一、国外体育管理组织结构构建

（一）以"社会系统"为主的体育管理组织结构

1. 美国——体育管理组织结构

在美国，政府机构中不设有管理体育运动的机构，只以总统顾问委员会形式过问体育运动事宜，整个国家的体育运动主要是由各类社会团体来承担。美国的体育分为职业体育运动和业余体育运动两大板块。职业体育运动由体育俱

① 陈立华．竞技体育管理体制及期创新研究［D］．大连理工大学硕士论文，2002，2.

乐部管理，俱乐部又归各大企业、财团所有或由其资助，是一种纯商业性运作；业余体育运动以美国奥委会为首要组织，负责制定全国的体育政策和发展规划，美国奥委会是依靠志愿者而存在、依赖志愿者而活动的非政府组织。其管理特点是：依据立法，进行法制管理；依靠社团，实行管理自治；依存市场，实施社会供己。①

2. 德国——体育管理组织结构

德国联邦政府内没有设立专门的体育行政管理机构，德国体育联合会是德国体育最重要、最权威的管理机构，在德国体育管理事务中具有垄断地位。德国体育联合会有权代表所有体育项目，并且成为这些体育项目的代言人。德国体育联合会的会员组织包括 17 个州的体育联合会、54 个单项体育协会、12 个承担特殊职能的体育协会、2 个支持性的协会——德国奥林匹克学会与德国体育协会。德国体育联合会下属的 54 个国家级单项协会分别管理相应运动项目的有关事务，主要包括制定法规和规则，组织全国性体育比赛、选拔运动员参加国际比赛，下级协会的注册管理等。单项协会通过德国体育联合会和德国奥委会代表德国参加本项目的国际比赛和其它体育事务。54 个单项协会下属的州单项协会则承担州一级体育比赛的组织以及下属协会和俱乐部的注册管理，同时和州体育联合会密切协作，推动该项目在本地区的发展。德国体育发展的责任主要由州一级机构承担。在州政府中，一般由文化部承担体育管理的职能，但其主要职能在于体育场地设施的建设与维护，以及对体育组织提供资助，工作的重点是推动和发展大众体育和学校体育，政府不介入体育社团的内部事务。德国的市级和县级政府主要负责当地的体育与休闲设施的建设与维护②。

3. 意大利——体育管理组织结构

意大利的体育管理体制一直被西方国家公认为是最具效率、最成功的体育体制。包括萨马兰奇在内的许多国际体育组织领导人也非常推崇"意大利经验"。它不仅与大多数国家目前所采取的体育体制有明显的区别，甚至与其周围的邻国也有相当大的差异。意大利的体育体制由此成为许多体育管理学者所

① 王广虎. 论我国体育社团改革的基础构建 [J]. 成都体育学院学报，2005（2）：12～16.

② 牛森. 对中、日、德三国大众体育管理体制模式的比较研究 [J]. 安徽体育科技，2005（4）：11～13.

关注的研究课题。

意大利没有专门负责管理体育的政府部门。意大利体育的管理权限由以下 4 个政府机构共同分享：旅游部、公共教育与科学研究部、国防部、公共健康部和公共劳动部。意大利体育体制的显著特点就是政府不直接参与具体的体育管理工作，而是把体育管理责任交给专业化的体育团体——意大利奥委会。意大利奥委会管辖 39 个单项运动协会，39 个单项运动协会的主席均是奥委会理事，奥委会主席由理事会选举产生，任期 4 年。意大利奥委会有 6 个职能部门，分别是行政部、技术部、人事部、彩票部、体育促进部和国际部，有专职工作人员 3300 余人。1975 年，意大利奥委会在"蓝皮书"中确定了教育部门只负责管理学校体育活动；体育推广团体和工会负责管辖大众体育运动的推广和娱乐活动；体育单项协会只负责高水平竞技体育，这个设想的主要目的是要建立一个不同层次的体育系统，把意大利奥委会变成一个具有"体育部"性质的服务机构。同样，中小学体育、大学体育和企业的娱乐活动也需要明确的政策指导，以区别于业余体育、半职业化体育和一般的体育活动①。

（二）以"体育系统"与"社会系统"为主的体育管理组织结构

1. 俄罗斯——体育管理组织结构

1991 年 12 月苏联解体后，前苏联被分解为 15 个独立的加盟共和国。俄罗斯继承了前苏联的大部分基业，但由于遭受社会政治的变革，整个俄罗斯陷入严重的经济困境，经济发展一蹶不振。前苏联解体后，俄罗斯联邦一方面继承了前苏联在体育方面的全部衣钵；另一方面，也依据市场经济原则，对原有体育管理体制进行了彻底的改革②。

俄罗斯体育管理体制曾几经周折，由全俄罗斯体育运动委员会、体育青年旅游委员会、体育运动与旅游委员会，一直到刚刚成立的俄罗斯体育运动协会代理部，其体育管理机构一直处在不断的变动之中。现在的俄罗斯体育管理体制主要分为两条线，一条是政府职能机构，主要包括总统体育运动协调委员会、俄罗斯体育运动协会代理部、国家体育和旅游委员会等，其政府机构的主要职能是制定和监督执行国家的体育运动政策法规，协调国家、社会和体育组

① 王力军. 意大利体育管理体制的特点及其改革走向 [J]. 成都体育学院学报，2000 (3)：16~19.

② 肖霞. 苏联解体后俄罗斯竞技体育管理体制的发展研究 [J] 体育与科学，2006 (1)：18~20.

织之间的关系，制定国家体育整体规划和实施计划，统一管理体育事务，为培养高水平运动员拨款等；另一条是社会团体，主要指俄罗斯国家奥委会，奥委会下设基层组织，下属87个体育项目联合会、国家运动基金会、社会体育联合会、各项体育联合会、各体育联盟、协会等。俄罗斯国家奥委会负责备战四年一届的奥运会，选拔国家队选手，与国际奥委会和相关国际体育组织进行交流。①

众所周知，前苏联的竞技体育举国体制，有着自己完善和庞大的组织机构和管理体系，有着自己独特的优势。前苏联解体时，旧的体制完全被摧毁，新的体制需要重新建立，俄罗斯的体育发展也处于渐进发展状态。现阶段，俄罗斯联邦政府和各州、区、市的体育组织在管理上基本都采取部、署、局三级管理模式。俄罗斯国家体育管理机构一直在变，而地方的机构改革也处于不断的调整与变化之中。由于联邦级体育运动管理机构并非都下设相应的地方机构，许多州都保留了体育运动委员会，其职能既属于国家体育和旅游委员会，也属于国家奥委会和国家运动基金会；既要负责体育运动管理，又要负责财政物质的保障，而地方机构在中央没有一个统一的管理中心，各地区自行制定和实施体育规划，造成国家对体育运动事业宏观管理和调控作用的日益减弱，从而不利于群众性体育运动的发展②。

2. 日本——体育管理组织结构

日本政府管理体育事业的最高机构是文部省体育局。政府对体育的管理方式主要是宏观管理、制定政策法规，对体育的发展进行监督，以及在不同的体育组织之间进行信息沟通与联络。日本大众体育主要由日本体育协会来完成，日本体育协会是日本最重要、最具影响力的体育协会组织。文部省的体育事务主要是通过日本体育协会得以贯彻执行和实施。日本体育协会的主要工作职责是贯彻政府的体育政策，承担政府的大量事务性工作。日本体育协会管理下的市区町村体育协会管理着37.04万个社区体育俱乐部。日本体育协会还管辖52个单项体联、日本企业体联以及大学生、高中生和初中生体联，这些体联也管理着成千上万不同项目、不同部门的体育俱乐部。日本的行政管理可分为

---

① 肖霞. 苏联解体后俄罗斯竞技体育管理体制的发展研究 [J] 体育与科学，2006 (1)：18～20.

② 孙斌. 俄罗斯体育现状与问题分析 [J]. 河北体育学院学报，2004 (3)：91～92.

三级管理，即中央政府、都道府县政府和市区町村政府，与之相一致，日本的体育管理体制也由政府管理系统和社会团体管理系统分别分为三级进行管理。日本的社会体育就是通过这样一个金字塔型的管理体制得以振兴和发展的①。

3. 法国——体育管理组织结构

法国实行政府与民间组织相结合的体育管理体制。青年及体育与民间组织部、法国奥委会、单项协会共同对体育进行管理。其中，青体部代表政府对体育进行全面指导，协会负责本项目发展的具体工作，奥委会作为协会的集合体，一方面协助政府发展体育事业，一方面体现协会的利益②。

4. 英国——体育管理组织结构

英国文化、媒介与体育部作为主管全国体育工作的政府部门，并不直接实施对竞技体育的管理，而是通过与政府其它部门和英国体育理事会的多种合作来实现政府对竞技体育的管理。英国体育主要由英国体育理事会和英国奥委会负责开展。英国体育理事会是英国最大的全国性非政府公共体育组织，是根据《英国皇家宪章》成立的。英国体育理事会的主要目标是发展高水平竞技体育，下设英格兰体育理事会、苏格兰体育理事会、爱尔兰体育理事会和威尔士体育理事会，负责35个单项运动协会，根据《英国皇家宪章》规定，体育理事会主席由国务秘书任命，但不受制于政府③。

5. 挪威、瑞典——体育管理组织结构

在挪威和瑞典，体育均被列为政府文化政策的一部分，由政府内负责文化事务的部门管理，如挪威文化部设立了"体育政策司"，瑞典政府在文化部中设立了"体育、青年与非赢利组织司"。政府中设立这样的机构表明政府具有管理体育的职能，但这种机构的职责却又十分有限，并不参与实际的管理工作，而主要是负责制定政府的体育政策与预算，提供经费、协调联络等。真正发挥和行使体育管理职能的是全国体育联合会组织，如瑞典的"瑞典体育联合会"、挪威的"挪威奥委会与体育联合会"，这些民办组织实际是该国管理

① 牛森. 对中、日、德三国大众体育管理体制模式的比较研究 [J]. 安徽体育科技，2005（4）：11~13.

② 潘志琛. 对英、法、德、澳四国竞技体育管理体制的考察与调研 [J]. 中国体育科技，2004（6）：1~5.

③ 潘志琛. 对英、法、德、澳四国竞技体育管理体制的考察与调研 [J]. 中国体育科技，2004（6）：1~5.

体育事务的"权利机构"。政府制定政策，提供部分经费，民间团体具体负责，全面管理，二者合作，这就是瑞典和挪威体育管理体制的具体特征①。

## 二、日本"后奥运时代"体育管理组织系统变革引鉴

主办过夏季奥运会的国家在奥运会后怎样发展体育运动？其体育运动发展的情况如何？这是一个值得深思的问题，弄清楚这个问题，可以为我国在2008年北京奥运会后的战略决择提供参考。

"后奥运时代"中国体育的发展走向是体育社会科学工作者高度关注的问题。显然，国人不能仅仅满足于给奥运会盖上"中国印"，还要清醒地思考2008年奥运会将给中国和中国人以及中国的体育事业留下什么，奥运会之后中国体育从观念到行为、从理论到实践、从体制到机制、从竞技体育到全民健身会发生怎样的变化，这些问题将对于我们深刻剖析中国的"后奥运"效应产生重要影响。为此，本文选取了与我国同为亚洲国家的日本作为研究范例，试图深刻地剖析日本在东京奥运会之后，随着国家经济的发展，人民生活水平的提高，大众体育的蓬勃开展，而竞技体育优势却风光不再的真实原因与规律。进而引以为鉴，深入探索符合我国国情的"后奥运时代"体育发展之路。

作为一个范例，日本战后体育方针的演变也给我们带来许多启示。日本战后开始侧重于"提高"方针的确立，促使日本竞技运动水平得以快速提高。1964年，东京奥运会的主办对日本的体育发展产生了积极的影响：一方面，使竞技运动水平在短期内有了飞跃式的发展，日本在该届奥运会上以16枚金牌列居金牌榜第三位，一举跨入世界体育强国的行列；另一方面，促进了体育活动在民众中的普及。1964年12月，日本内阁发表了《关于增进国民健康和体力对策》，标志着日本发展体育的方针，从侧重于"提高"转向侧重于"普及"。日本东京奥运会后体育方针的调整，完全是为了适应当时的经济、社会发展以及体育发展格局的变化。东京奥运会既使日本认识到本民族在体力、体格等方面与欧美发达国家的差距，也使日本认识到社会体育已成为日本体育事业发展中最薄弱的环节②。为此，日本内阁转变了发展体育运动的战略方针，

① 赵澄宇. 挪威与瑞典体育管理模式浅析 [J]. 北京体育大学学报，2000（3）：303～305.

② 崔颖波. 东京奥运会后的日本体育发展给我们的启示 [J]. 体育与科学，2004（4）：28～31.

进一步加大群众体育的发展力度，对竞技体育的重视程度减弱，使竞技运动水平在进入 20 世纪 80 年代后，终于出现了大幅度的滑坡。1988 年汉城奥运会，日本仅夺得 4 枚金牌；作为亚洲体坛霸主，日本战后连续保持几届的亚运会金牌榜首的位置，也于 1982 年曼谷亚运会上被中国取代。竞技水平的滑坡，引起了日本社会各界的不满，由此成为日本再度重视竞技体育的契机。在这种情况下，1989 年日本内阁发表了《关于面向 21 世纪的体育振兴策略》，它的出台标志着日本的体育方针由侧重于"普及"向"普及与提高并重"转变，预示着日本再度重视竞技体育。但是，在随后的 1992～2000 年各届奥运会上，日本获得的金牌数并不理想，竞技水平远没有恢复到 20 世纪 60～70 年代的水平。

毫无疑问，东京奥运会后的日本体育发展，为我国 2008 年北京奥运会后应当采取怎样的体育方针提供了借鉴，即我国发展体育一定要"普及"与"提高"两者兼顾，"两手抓，两手都要硬"。我们不能像日本那样，在东京奥运会后侧重于"普及"或以"普及为重点"，而导致竞技体育的滑坡。2008 年北京奥运会后，我国宜采取"普及与提高并重"的方针①，既要发展大众体育，又不能放弃发展竞技体育②。

**研究小结：**

1. 本章首先对我国体育管理组织结构形成的时代背景与社会背景进行了全面地回顾与阐述，进而为全面、深刻地了解我国体育管理组织结构的历史成因奠定了坚实基础。

2. 我国体育管理组织系统的"纵向"结构，即在管理体系上是由中央——地方、由高层——低层、由上级——下级，逐级递减地进行排列；"横向"结构，即在管理体系上是由国家级、地方级两个"横向"层次组成，其中在每个层次上都包括：体育、教育与社会三个平行的"系统"。

3. 在对我国体育管理组织系统"纵向"结构进行论述的过程中发现，现阶段"体育系统"存在着国家体育总局与运动项目管理中心以及运动项目管

---

① 李金花. 试论 2008 年北京奥运会后我国的体育方针 [J]. 山东体育学院学报，2005（6）：23～25.

② 崔颖波. 东京奥运会后的日本体育发展给我们的启示 [J]. 体育与科学，2004（4）：28～31.

理中心与各省、市体育局管理机构"衔接不顺"的现象;"教育系统"存在着地方教育厅体育管理工作"改革滞后"的现象;"社会系统"存在着中国奥委会、中华全国体育总会及地方体育协会作为名义组织,尚未对其赋予实际的管理职责与权利的现象。

4. 在对我国体育管理组织系统"横向"结构进行论述的过程中发现,现阶段制约我国体育管理组织系统整体运行的主要因素包括:中央层次——国家运动项目管理中心与运动项目协会及全国学生体育联合秘书处,地方层次——地方体育局与地方教育厅体卫艺处等,在"管体育"、"办体育"的过程中缺乏有效的沟通与联络,尚未建立起"优势互补"、"互惠互利"的良性运行渠道。

5. 世界各国体育管理组织结构构建的基本模式为:"社会系统"在体育管理组织中的功能与前景日益突出;"教育系统"在体育运行组织过程中的作用与规模日益扩大;"体育系统"在行使体育行政管理职能的过程中,将逐步由"微观"管理向"宏观"管理转变。

# 第四章

# 我国体育管理的组织资源现状剖析

当前，我国社会正处于转型加速期，正以较快的速度向工业的、城镇的、开放的现代化社会转变，新旧体制交替特征明显。本世纪初是我国经济和社会发展、经济结构调整的重要时期，是完善社会主义市场经济体制和扩大对外开放的重要时期，如何实现"后奥运时代"我国体育资源的可持续发展，现已成为摆在我们面前亟待解决的重要问题。为此，本章将以"社会转型期我国体育管理组织系统必须实施的资源优化配置战略"作为研究重点，对社会转型期中国体育所面临的"资源稀缺"与"资源配置"问题进行深入探讨。

"我国的体育管理组织系统"是由纵横交错的多体系、多因素、多层次、多组织的结构组成，现阶段如何利用"系统"内有限的资源，使其发挥出最大的效能，将是实现我国体育管理组织系统优化配置的重要保障。

## 第一节　我国体育管理的组织资源构成

《辞海》对"资源"一词的解释为：是指一个国家或一定地区内拥有的人力、财力、物力等要素的总称。资源是那些可以使人们满足必要且重要的经济、政治、社会以及与此相关的各种需要的东西。所谓"资源的管理"，即是指社会及组织根据需要，对所能支配的资源进行积极开发、配置、利用和保护的活动过程。现阶段，我国体育管理组织资源主要包括：人力、财力、物力、时间、信息等。

人、财、物、时间和信息是构成体育资源的五大要素。"人"主要指接受和执行组织指令的各种人，构成了组织的执行层和操作层；"财"主要指体育资金，在市场经济条件下，由于体育资金来源的多样化，对体育资金的管理主要包括资金的筹措和使用；"物"主要指体育场馆、器材，它是开展体育活动的基础;"时间"主要由过去、现在和将来构成,它反映速度和效率;"信息"反映体育运动的各种情报、指令、消息和资料等。在五大资源中,人是组织的核心,人的能动性资源在组织中起决定性作用。其他要素是非能动性资源。组织的过程,就是科学处理、有效利用、合理配置五大资源的过程。

体育资源的优化配置是实现体育运动发展的必要条件。在社会经济转型期,我国体育资源在配置过程中依然存在着某些失调现象,突出地表现为①:人力资源方面,竞技体育高水平人才群体尚未形成,体育后备人才缺乏,梯队断层现象严重,青少年业余训练队伍萎缩,教练员队伍整体结构良莠不齐,多数教练员缺乏精湛的业务素质与开拓创新精神。财力资源方面,计划经济体制下所形成的政府财政投资模式在绝大部分运动项目中仍然占据主导地位,尚未形成多渠道、多层次的投资格局。中央与地方,奥运项目与非奥运项目,一线、二线、三线运动队的投资比例失调,竞技体育投资回报效益整体不高、重复建设、重复投资现象严重等。上述问题,也将成为"后奥运时代"我国体育事业发展的阻碍因素,因此,现阶段冷静地分析我国体育管理组织系统中的人力与财力资源,将对于实现我国体育事业的可持续发展产生重要影响。

图4-1是本研究对我国体育管理组织系统资源构成的示意图。本章将以此图示为研究"脉络",系统地论述其组织"资源"中组成要素的运行现状。

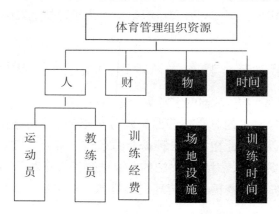

**图4-1　我国体育管理组织系统的资源构成**

---

①　肖林鹏. 社会转型期竞技体育资源实施优化配置之必要性探讨 [J]. 西安体育学院学报,2002 (2):1~3.

"人力资源"，运动员与教练员构成了体育人力资源系统中的核心部分；"财力资源"，即训练经费；"物力资源"，即训练设施；"时间资源"，即训练时间等。考虑到本研究的针对性，本章将只选取两类主要的资源，即人力资源（运动员与教练员）、财力资源（即训练经费），来进行系统的、针对性的研究。

现阶段，我国体育管理组织系统内的人力与财力资源主要分布于"体育系统"、"教育系统"与"社会系统"内。因此，对"三系统"内人力、财力资源的分布情况进行分析与评述，将有助于对我国体育资源的整体布局进行合理规划，使有限的资源得到最优化的重组与调配。

## 第二节　我国"体育系统"组织资源的"纵向"剖析

### 一、"体育系统"组织资源分布的"纵向"结构

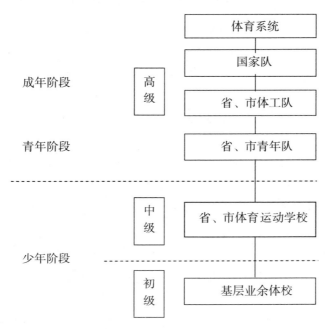

**图 4-2　"体育系统"组织资源分布的"纵向"结构**

"体育系统"内的"纵向"结构，即在管理体系上是由高级、中级、初级三级训练层次构成（图 4-2）。"体育系统"内的人力与财力资源在纵向层次

上主要分布于运动训练的不同阶段、不同层次、不同水平与不同形式之中。从1963 年到 1965 年间，我国逐步形成了从基层单位业余体校，到体育运动学校和专业运动队层层衔接的三级人才训练网络。20 世纪 80 年代，"三级训练网络"进一步完善，现已形成初级、中级、高级的"金字塔"型人才培养模式。

高级训练形式：即国家队和省、市体工队成年队（我国部分渐已走向产业化、职业化运作模式的运动项目，如篮球项目、足球项目等，在体制转轨、组织机构调整的过程中，现已成立了体育局与企业合资办运动队的过渡型管理模式）、青年队及全国体育院校运动队。它们肩负着培养优秀运动员及在世界高水平竞技赛场上为国争光的重任。

中级训练形式：即省、市体育运动学校等。近年来，为弥补中级层次训练形式单一的现状，各运动项目结合自身特点，又陆续增设了运动项目学校、体育学院附属竞技体校及运动项目训练重点单位等训练形式。它们肩负着培养和输送优秀后备人才和为社会培养中等体育专业人才的重任。

初级训练形式：指遍及全国城乡的基层业余体校。作为我国运动训练的基础力量，肩负着对在体育项目方面有发展前途的中小学生进行系统的课余训练，打好基础，并将有发展前途的优秀后备人才推荐至上一级训练单位的任务。

## 二、"体育系统"人力资源配置现状剖析

### （一）人力资源内涵剖析

"人力资源"[①] 是指一定范围内的人口总体所具备的能够从事社会经济活动的劳动能力的总和。人力资源包括智力劳动能力和体力劳动能力，同时也包括人的现实的劳动能力和潜在的劳动能力。从以上定义可以清晰地看出，人力资源主要强调的是人的劳动能力。

关于竞技体育人力资源的定义，李艳翎教授在《经济体制转轨时期中国竞技体育运行研究》[②] 中对"竞技体育人力资源"给予了比较完善的定义："竞技体育人力资源是指一个国家或地区在一定时间内拥有从事竞技体育活动的全部人口，包括正在从事竞技体育活动和投入竞技体育运行的人口以及由于

　　① 姚裕群. 人力资源开发与管理概论 [M]. 北京：高等教育出版社，2003. 45.
　　② 李艳翎. 经济体制转轨时期中国竞技体育运行研究 [M]. 长沙：湖南师范大学出版社，2001. 76.

非个人原因暂时未能从事竞赛体育活动的人口。"简言之，竞技体育人力资源就是指从事竞技体育事业的具有智力劳动能力和体力劳动能力的人的总称，包括运动员、教练员、科研人员、管理人员、裁判员等。考虑到本研究的针对性，本文将主要针对运动员与教练员展开研究。

（二）"体育系统"人力资源——运动员

当今世界的竞争，其实就是人力的竞争。人才是科技进步和社会经济发展的重要资源，国家对人才的培养和利用尤为重视。原国家体育总局局长袁伟民同志曾指出："后备人才的培养是竞技体育发展的战略问题，只有重视后备人才梯队建设，我国竞技体育发展才有后劲。"由此可见，运动员的培养已成为我国体育事业发展的重中之重。

1. 优秀运动员数量

伴随市场经济体制的确立，我国竞技体育人力资源的总量也基本保持稳定，优秀运动员数量保持在1.8人万左右，如果除去每年待分配的4000名左右的优秀运动员，那么在队优秀运动员人数基本保持在1.4万左右。2001年，国家体育总局副局长段士杰同志曾指出："虽然我国竞技体育人力资源总量已经具有一定的规模，但在总量配置上还存在一定程度的不足与失衡①"。1.4万优秀运动员是包括全部的一、二线运动员和一部分最有希望的三线优秀运动员。目前，我国部分项目的一、二线优秀运动员加起来只有几百人，无法形成竞争梯队。

我国优秀后备人才资源溃乏的主要原因即表现在"体与训"、"学与智"的矛盾与冲突上。体育与教育在体制上的脱节，学习与训练在目标上的冲突，是造成各层次运动员出路不明朗、不通畅，多数家长不感冒然让孩子从事体育运动的主要原因。部分家长只有在孩子的运动潜能表现突出或学习无望时，才考虑走上"体育之路"，因此，我国各级优秀运动队选材的覆盖面实际上也很小。与美国相比，美国大部分运动项目后备人才充沛，大学生运动员有35万余人，中学生运动员（9~12年级）有650余万人。如果将职业运动员或能参加国际比赛的业余选手列为一线队伍，大、中学运动员分别为二、三线队伍的话，美国篮球、橄榄球、棒球、田径、游泳等项目一、二、三线队伍的比例都在1：20~200：400~4000，其数量与规模均远远超出我国现有的优秀运动员

---

① 潘前. 中美体育后备人才培养体制初探 [J]. 西安体育学院学报，2003（3）：23~25.

在训人数，其长盛不衰的体坛霸主地位也与此密不可分①。

2. 优秀运动员流通机制

目前，由于"奥运战略"与"全运战略"并存，竞技体育备受关注。各省、市领导和职能部门向竞技体育要成绩，优秀选手炙手可热。为此，国家体育主管部门曾先后制定、颁布了一系列有关体育后备人才交流的法规性文件，但在不同地区、不同部门的实际运行中，运动员的交流还没有充分体现"自愿、互利、有序、公开、合法"的原则。由于"本位主义"思想作祟，谁也不愿意将本省、市的优秀体育人才拿出来与别人交流。美国、日本体育后备人才流通率分别是20%和10%，而我国还不到3%。流通可以使后备人才开拓眼界，接受新的训练理念和方法，尽快提高训练水平，可以互通有无、互相弥补、避免资源浪费，推动全国体育竞技水平的进一步提高。"走出去，请进来"，才是我国运动员"流通"的最佳方案②。

3. 优秀运动员的退役与就业安置

长期以来，我国培养竞技体育人才一直采用"包办形式"，从各级少体校、省市体工队到国家队，走的是一条具有中国特色的举国体制的"职业化"培养模式。这里的"职业化"是指运动员进入少体校后，一切经费均由国家提供，实施"半训、半学"的管理方式，一旦进入体工队就成为一名"职业"运动员，即将训练作为职业，全脱产地进行，脱离其应从事的文化知识学习③，而当运动员面临退役与就业抉择时，就会感到除了拥有一身竞技水平之外，文化知识极度贫乏。

国际体育问题专家曾提出："青少年时期不宜过早地进行封闭训练，要让他们拥有正常人的生活，包括接受文化教育，这样既能使具备天赋的孩子脱颖而出，也能解决大部分孩子被淘汰后的出路问题。"与国际上先进的青少年人才培养方法相比，我们习惯的"三集中——同吃、同住、同训"的封闭式培训模式，虽然可以在一定时期内使青少年的技能"速成"，但他们综合素质的培养与提高却被限制。

文化知识学习欠缺与就业压力，是运动员面临退役与就业安置的两大突出

① 潘前．中美体育后备人才培养体制初探［J］．西安体育学院学报，2003（3）：23～25.

② 李彩秋．我国竞技体育后备人才培养误区扫描［J］．中国人才，2005（9）：16～17.

③ 俞继英．21世纪我国竞技体育人才资源可持续开发的思考［J］．上海体育学院学报，2004（1）：1～6.

问题，而这两大问题都涉及到运动员的个体发展。如果这两个问题解决不好，在一定上程度将会影响到人们对运动员职业的向往，进而也将影响到运动员后备人才的选拔与培养。

退役后运动员就业安置问题是每名运动员从选择运动员这一职业起就迟早要面对的问题。转换职业不仅仅意味着运动员要学习新工作所需要的技能，还意味着要适应新工作的生活方式。优秀运动员退役时，和他们年龄相仿的年青人一般已经有了稳定的学业或工作，有的甚至已经在学业与工作上取得了一定的成就，而优秀运动员面临的却是从自己运动生涯的辉煌进入一个几乎全新的、陌生的职业。面对新的起点，他们表现为无所适从、不知所措。钟秉枢教授在《成绩资本和地位获得》① 一书中，通过对在训运动员除训练之外的全面技能培养情况的调查显示，被调查者认为教练员经常对其进行全面培养的仅占36.1%，很少进行的占42.3%，没有进行的占14.2%，不清楚是否进行的占7.3%。在优秀运动队这么一个半军事化、半封闭的特殊组织里，运动员退役前对未来职业的准备是否充分，在很大程度上取决于教练员在其运动生涯过程中对他是否进行了全面的培养。

优秀运动员退役后的再就业问题一直是体育界高度关注的问题。近年来，随着退役待分运动员人数占在役运动员人数比例的增加，更加引人关注。退役运动员安置得是否合理与妥善，在很大程度上将影响到运动员的训练情绪和比赛成绩，影响到后备力量的数量与质量。

一般而言，步入20岁以后的青年人，或者已经开始接受大学教育，或者已经开始了自己的职业生涯，30岁左右即已经步入了比较稳定的职业生涯；而20～30岁年龄段的运动员，则要作为新的求职者步入崭新的生活转折点。

现阶段，我国绝大部分运动员退役后的出路选择是当教练员，而退役运动员的数量大大超过教练员的需求量。在计划经济体制下，运动员退役后可由国家"包办"，分配到各单位；然而在市场经济体制下，许多运动员退役后却不得不自己走向社会，面临新的选择。据统计，全国正常年度待分配运动员为3000人，遇到奥运会、亚运会、全运会结束的年份将达到5000～6000人，而

① 钟秉枢. 成绩资本和地位获得［M］. 北京：北京体育大学出版社，1998. 110.

每年各省、市平均43%的安置率，将使半数以上的运动员不得不自谋出路①。在此，本文将列举两例近年来在我国社会各界引起广泛关注的运动员退役后的生活实况。一位是前全国举重冠军邹春兰。上世纪80~90年代，邹春兰因体质突出，在专业教练的训练下很快成为吉林省举重项目的优秀运动员，并多次打破全国纪录。1993年邹春兰因伤病原因从心爱的举重台上退了下来。退役后的邹春兰在远离人们视线十余年之后，再一次成为人们的焦点，原因是她现在的生活窘迫，靠给顾客搓澡维持生计，夫妻俩儿住在浴室提供的5平米小屋内，月收入不足500元。另一位是前全国长跑冠军艾冬梅。为维持生计，昔日的国际马拉松冠军抱着孩子和丈夫向其他商贩一样在北京通州武夷花园的一个农贸市场里，摆地摊卖衣服，忙了半天也只能挣二十多元钱。迫于生活的窘境，艾冬梅甚至欲以1000元一块的价格将自己昔日在比赛中获得的金牌卖掉。

上述两则实例，虽然在社会舆论的关注下，在政府的支持下，在好心人的援助下，他们目前的生活状况渐已缓解，但发生在我国优秀运动员身上"鲜活"的事例，不得不引人深思，发人深省。

上述事件的形成，与我国多年来形成的体教分离机制有着重要的关联。运动员已成为独立于学校之外的一个特殊群体。他们在倾力从事运动训练的同时无法顾及必要的文化学习，到了退役或中途离队时，除了运动技能之外，缺乏其它专业的文凭和技能，难以被社会所接受，这对他们个人来讲是耽误了前途，对国家来讲则是浪费了人力资源。从全国冠军到搓澡工，邹春兰的人生近乎一个悲剧，她曾说到："我现在只有不到小学三年级的文化，拼音都不会。"她的悲剧引人深思，从而，也使我们更加客观与理性地分析运动员的培养问题。现阶段，由于运动员培养机制不甚合理，从而使很多运动员从小就终止了文化学习，被选入少年体校进行专业训练。为了成绩、金牌和荣誉，这些运动员除了训练、比赛之外，很少有机会接受正规的文化教育。一旦他们退役离开自己的"老本行"，文化知识的缺乏将使得他们无所适从。另外，由于退役运动员的救助机制尚未健全，很多运动员从孩童到青壮年，一直都在为国家体育事业奋斗，他们奉献了自己的青春，为国家或地方赢得了多项荣誉，但当他们退役之后，却得不到应有的回报。这一切在很大程度上将源于我们曾引以为豪的竞技体育观念。我们一直把金牌和运动成绩看得高于一切，把"为国争光"作为最高目标，要求运动员为体育事业献身，个人服从集体，服从国家荣誉，要求他们为了国家荣誉、集体利益不惜奉献、牺牲自己。为了成绩、金牌和荣誉，便不顾运动员的文化学习，忽视他们综合素质的培养。而当运动员退役之后，除了金牌和荣誉之外，却一无所有。类似邹春兰、艾冬梅这样面临生活和生理、心理困境的运动员也许还有很多，为了不出现更多的邹春兰、艾冬梅，对现有的体育体制进行改革已是当务之急。2008 年北京奥运会结束后，随着优秀运动员退役高峰期的来临，对这一次问题的彻底反思与改革已迫在眉睫。

在运动员的培养方面：美国青少年运动员的首要身份是普通学生，主要任务是学习，他们的受教育程度随着年龄的增长而增长，学校对他们在学业上的要求与普通学生别无两样。美国绝大部分职业选手都经过正规的大学或高中教育。美国"体教结合"的优点在于实施训练和学习的机构都是学校，学生运动员的学习与训练均由学校统一管理。所有学生运动员与普通学生面临的信息与机构是等同的，这就使他们能够根据自己的条件和情况对前途作出比较正确的估计并及时在学习与训练中调整自己的侧重点，不致于因为没有文凭，缺乏专业技能而陷入就业难的尴尬境地①。

在运动员的保障方面：德国专门设有体育援助基金组织，负责现役运动员的退役就业培训工作，良好的就业指导和培训解决了运动员的后顾之忧。德国共有 4000 名 A、B、C 级运动员，体育援助基金每年为其中 3800 名运动员提供援助。援助标准据不同成绩确定，最高每月可获得 850 欧元的援助，最长时间为 10 年。援助经费主要来源于个人捐资和彩票公益金。A、B、C 级运动员都要与相应的体育联合会签署合同，合同中有退役就业方向的内容②。

上述两国，在运动员培养和运动员退役安置与保障方面的举措，将为如何解决我国运动员"入口与出口"问题，提供积极的参考。

---

① 潘前．中美体育后备人才培养体制初探［J］．西安体育学院学报，2003（3）：23～25．

② 潘志琛．对英、法、德、澳四国竞技体育管理体制的考察与调研［J］．中国体育科技，2004（6）：1～5．

### 4. 个案调研与分析——篮球项目运动员现状剖析

### （1）从训人数

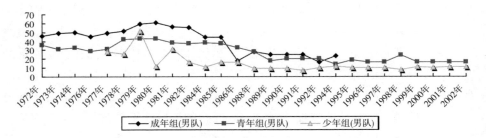

**图 4-3　1965~2002 年篮球比赛成年队、青年队、少年队参赛队数曲线图**

据中国体育年鉴统计资料整理

在社会大环境的影响下，篮球运动伴随着我国政治、经济体制改革的步伐也几经浮沉。图 4-3 是自 1965~2002 年期间我国成年、青年、少年篮球队参赛队数统计。依统计结果可知：中国体育运动在进入恢复与发展期后，于 70 年代末至 80 年代中期迎来了篮球运动发展的高潮阶段，"体育系统"自上而下建立起稳固的"三级训练"梯队。十一届三中全会的召开，加快了我国经济体制改革的进程，"体育系统"办体育受到了强烈的冲击。成年队正由专业化向职业化转变；青年队正由专业化向"体教结合"的方向转变；少年队正由体委办向教委办、社会办等多种渠道的办队方式转变，从而造成了我国"体育系统"三级训练梯队人数与队数的骤减。

纵观近三十余年的发展历程，我国篮球"三级训练"梯队中均存在着"头重脚轻"的"倒金字塔"型现象，即成年队数量＞青年队＞少年队。究其原因：其一，国家在"奥运金牌战略"的影响下，存在着"重成绩"、"轻培养"的现象；其二，各省、市在"全运会战略"的影响下，集中有限的人力、财力、物力投入重点拿牌项目及单项比赛，而相对于见效慢、成绩差的篮球集体项目，则少投资或不投资，有的省、市不但砍掉了青年队、少年队，甚至也砍掉成年队；其三，青少年训练中"拔苗助长"现象严重，为达到快出成绩、出好成绩的目的，将一些有培养前途的少年队员送到青年队或成年队进行比赛与训练，违背了青少年运动员的成材规律，进而也造成了各省市青少年队员青黄不接的现象；其四，在篮球运动进入半职业化、职业化的进程中，军旅球队由于体制原因，难以维持生济，部队球员不得不转会地方，或选择退役，造成人力资源的极大浪费。上述原因是造成现阶段篮球训练组织系统中运动员稀缺的症结所在。

（2）生源状况

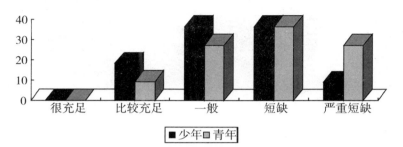

**图4-4 少年队与青年队运动员生源状况比较**

依图4-4青年队与少年队生源状况的比较可知，两者均存在生源短缺的现象。但相比之下，青年队的生源状况更令人担忧。究其原因："体育系统"的青年队队员受到来自"教育系统"高校高水平篮球队的冲击，由于"学、训"矛盾的影响，从而使少年运动员面临着选择的十字路口，这也是造成青年队人才分流、人才匮乏的主要原因。因此，如何解决"学、训"问题，如何将"二者"有机地结合，是保证青年阶段人才培养数量与质量的关键。［此图示中运动员生源状况的界定比例是依据《体育运动学校办校暂行规定（1991年7月8日国家体委、国家教育部颁布）》每年运动员选拔比例：1∶8为很充足；1∶6为比较充足；1∶4为一般；1∶3为短缺；1∶2为严重短缺。］

（3）生源渠道

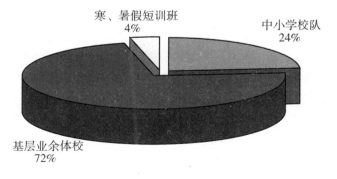

**图4-5 少年队运动员的生源渠道**

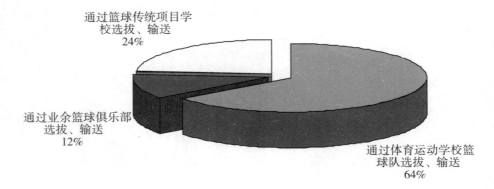

通过篮球传统项目学
校选拔、输送
24%

通过业余篮球俱乐部
选拔、输送
12%

通过体育运动学校篮
球队选拔、输送
64%

**图4-6　青年队运动员的生源渠道**

依据对少年队（图4-5）、青年队（图4-6）篮球运动员生源渠道的统计结果显示：少年队运动员的生源渠道主要是基层业余体校，占72%；青年队运动员的生源渠道主要是体育运动学校篮球队，占64%。由此可见，体育系统仍是以其自身的"三线式"培养、输送形式为主。由于受体育管理体制、运动员训练水平、训练条件的影响，其它多种类型的培养与输送渠道尚未真正成为中国篮球竞技人才培养的主流。

通过对"体育系统"篮球运动员在训人数、生源状况、生源渠道的分析可知，在计划经济体制下高流向率的"专业"训练体制，已遭到了市场经济大潮的的严重冲击，篮球运动员数量与规模的扩大，将依赖于篮球训练组织体系的改革、制度的保障、生源渠道的优化、体育与教育和社会系统"人流"的有机结合。

通过上述对我国"体育系统"人力资源——运动员现状的分析可知，我国已延续近半个世纪的"体育系统"竞技人才管理模式，在为国家带来巨大荣誉与贡献的同时，由于时代的变迁、体制的变革，对其原有的人力资源——运动员的培养模式已经产生了强烈冲击。在新的市场经济体制下，以新的理念、新的方法，走体育面向教育、面向社会的发展抉择，将成为运动员人力资源优化配置的发展走向。

（三）"体育系统"人力资源——教练员

古语云："先有伯乐，后有千里马，千里马常有而伯乐不常有"，这一情况在我国体坛现已得到充分的验证，表现为有好的教练员就有可能培养出高水平的运动员。6 块世界金牌获得者"体操王子"李宁与其教练张健，荣获世界锦标赛、世界杯和奥运会比赛五连冠的中国女排与其教练袁伟民，培养了诸多世界乒乓球冠军的前乒乓球队总教练蔡振华，以培养 100 名世界冠军为目标的国家羽毛球队总教练员李永波等，在我国体育界正是由于有了诸多像上述一样优秀的"伯乐"，才使中国竞技体坛涌现出更多的"千里马"。他们是我国体育界重要的、宝贵的人力资源，是推动中国竞技体育事业发展与腾飞的重要力量。

1. 教练员执教人数

在计划经济体制下，竞技体育人力资源采取完全计划型人力资源的配置方式，几乎所有的体育机构都是国家政府机关，人事管理由国家政府统一负责，行政管理体制高度集中。从 60 年代至本世纪初，我国教练员人数增长近三千人，运动员人数增长近五千人。教练员与运动员人数的增长基本呈正比。但在教练员数量稳步增长的同时，我们也发现，在由计划经济向市场经济体制转轨的过程中，根深蒂固的计划性的竞技体育教练员管理队伍格局正在逐渐被打破。三级人才培养网络中，不仅基层运动员队伍的数量正在逐步萎缩，更另人担忧的是基层教练员队伍的数量也正在缩减。究其原因，本人认为：其一，由于我国体育管理体制改革的进程，使体育与教育、社会系统的有机结合成为发展的必然走向，从而也使部分"体育系统"的基层教练员面临新的选择；其二，由于我国部分市场化基础比较完备的体育项目正在进行职业化改革的大胆尝试，部分俱乐部为获取优异成绩，聘请外籍教练，从而也造成我国部分项目国内教练员难以为继；其三，我国现行的教练员考核制度，以优胜劣态为标准，使部分在考核中未过关的教练员，无法继续担当执教重任。

教练员基本数据的变化，不仅仅体现在人数上的变化，更体现着我国体育管理体制改革的发展与变化，在教练员数量稳步增长的同时，我们更呼唤着教练员执教质量的稳步提高。我们期待着国内教练员队伍的快速成长与成熟，使中国男女篮、中国男女足、中国女曲等项目在历经外籍教练的指导与提高后，能有更多的中国教练员在主帅位置上担当重任，为国争光。

2. 教练员基本情况

（1）教练员的来源渠道

在我国，教练员队伍基本上由两部分人群组成，一部分是体育院校、师范院校体育系等的毕业生，他们虽然具有专业和相关理论知识，但是缺乏高水平训练和比赛的经历和经验以及与训练相关的实践知识；另一部分是退役的高水平运动员，这些人具有实践经验，但是文化基础较差，综合知识欠缺，大多没有经过系统的理论学习。

（2）教练员的文化层次

据统计①，我国教练员中大部分具有大专以上的文化程度，但是还有相当一部分是中专以下学历。教育部早已宣布中专学历不能担任初级中学教师，因此，这种情况在优秀运动队的教练员队伍中是不应该存在的。但由于历史原因，我国教练员大部分是运动员科班出身，"近亲繁殖"现象比较严重，因此，部分运动员学历中存在"水分"现象，因此，教练员学历教育的制度化和培训的规范化势在必行。

（3）教练员的业务培训

竞技场上的金牌是靠运动员夺取的，而"金牌选手"是由"金牌教练"训练的。随着我国竞技水平的提高，我们急切期盼有更多的"金牌教练"涌现出来。因此，我们必须高度重视教练员的选拔、培训与管理。据统计，从低层至高层，现阶段从事竞技体育训练的教练员队伍中仅有近10%的教练员获得了教练员等级称号②。上述问题突出地反映在青少年业余训练阶段，基层教练员"纸上谈兵"和"经验主义"现象严重，造成业余训练水平低，训练质量差。

在国外，最基层的教练员同样要获得资格认证，和国家队教练员一样不断地获得学习和进修的机会，以完善提高自己的执教能力。借鉴国外部分国家教练员的业务培训方式可知，澳大利亚教练员现分为四级，即零级（业余）、一级、二级、三级（最高级）。英、德两国的教练员管理也分为四级，成为教练有两种途径：一种途径是从运动员到教练员，另一种途径是从体育院校的毕业生到教练员。英、德两国的教练员每三年要通过一次考试进行资格认定，以此促进教练员不断更新知识③。

中国体育事业的发展，离不开雄厚的基础力量，基层教练员的数量与质量、知识与能力，将对我国体育事业的整体发展产生重要且深远的影响。因

---

① 邓春菊. 我国竞技体育人力资源配置模式研究 [D]. 湖南师范大学硕士学位论文，2005.

② 邓春菊. 我国竞技体育人力资源配置模式研究 [D]. 湖南师范大学硕士学位论文，2005.

③ 潘志琛. 对英、法、德、澳四国竞技体育管理体制的考察与调研 [J]. 中国体育科技，2004（6）：1~5.

此，现阶段应加快改革教练员队伍的人事管理体制，强化激励机制。推行"五制"措施，即在教练员中全面推行教练聘任制、岗位责任制、结构工资制、风险抵押制、末位淘汰制，从而强化激励机制、制约机制、竞争机制、淘汰机制的作用。对优秀教练员进行表彰，优先聘用、优先晋职、优先照顾与奖励；对工作不负责任、业绩较差的教练不予聘用或解除合同；对过去工作责任心不强、业绩较差的实行暂缓聘用。通过上述改革，进而使广大教练员的积极性、主动性、创造性得到应有的发挥。

3. 个案调研与分析——篮球项目教练员现状剖析

（1）教练员组成情况

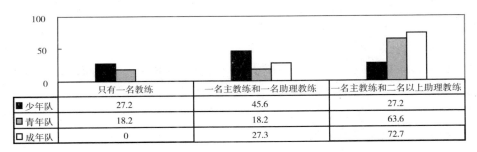

| | 只有一名教练 | 一名主教练和一名助理教练 | 一名主教练和二名以上助理教练 |
|---|---|---|---|
| ■ 少年队 | 27.2 | 45.6 | 27.2 |
| ▨ 青年队 | 18.2 | 18.2 | 63.6 |
| □ 成年队 | 0 | 27.3 | 72.7 |

**图 4 – 7　教练员组成情况**

图 4 – 7 是对篮球项目少年队、青年队、成年队教练员组成情况的调查统计。众所周知，教练员是决定球队训练水平与训练质量的重要因素，因此，教练组的人数、水平、能力、团队精神是促使球队获取佳绩的重要保障。通过对少年、青年、成年队教练员组成情况的调查可知，由于受体育管理体制、训练组织形式、上级领导重视程度及人力、财力、物力资源的影响，从少年到成年阶段教练组人员配备的数量也呈递增趋势。成年队配备一名主教练和二名以上助理教练的达 70% 以上。相比之下，少年队、青年队由于受诸多客观因素的影响，整体配备较弱。但青少年阶段应是中国篮球运动发展的希望，在打基础的关键时期，教练员的作用更不可忽视。在法国，青少年篮球训练是以业余篮球俱乐部为基础的，在俱乐部中教练员会根据孩子的生理、心理特点来进行系统性和针对性的训练。教练员的分工十分细致，专项力量训练、身体素质训练都有专职教练，就连各位置的训练也分工明确。这些教练员上岗之前要经过严格的培训，取得法国篮球协会颁发的职业证书后才能上岗执教。在澳大利亚，

对教练员有整套科学规范的管理制度。总教练下设的助手组为教练组，负责整个项目的训练。教练组由教练员、运动生理专家、能胜任提高技术提供职业及教育方面的顾问、运动保健按摩师、营养师和基础训练等方面的专家组成。通过对法国、澳大利亚的实例分析可知，法国对青少年篮球训练给予了极大地关注，投入了大量的教练员进行系统的、科学的、全面的、针对性的训练，此种方法也值得我们在青少年篮球训练中借鉴、参考与实施；澳大利亚完备的教练员队伍整体结构，也是其取得优异成绩的主要保障。

系统理论认为："系统内部结构对其整体性能具有决定性作用。"在组成教练班子时若能根据教练员的知识结构特点进行合理安排，可以发挥更大的训练效果。教练班子按其成员的知识结构可以分为知识互补型和知识单一型两类。互补型是指班子内成员在不同的知识领域各有所长，互为补充，构成有一定层次和内在联系的知识系统，达到优化组合。单一型是指班子内各成员知识结构相似，在某一方面突出，而其它方面则有严重的缺陷。目前我国篮球教练班子多为单一的经验型，即每位教练员都具有丰富的运动实践经验，而对体育科学的整体知识掌握不足①。

（2）教练员年龄结构

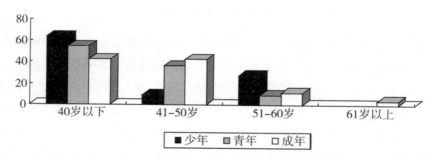

图4－8　少年、青年、成年队篮球教练员年龄结构

图4－8可真实地反映不同训练阶段教练员年龄层次构成的现状。少年队教练员年龄在40岁以下的人数最多；41～50岁之间由于执教水平的提高，而转到青年队、成年队或其它训练单位，因此，造成了该年龄阶段执教人数的锐减；51～60岁期间，再次回升，主要是由于部分教练员在高层次训练中没有

---

① 刘玉林．我国篮球教练员现状剖析［J］．中国体育体报，1998（3）：43～45.

被委以重任，或即将退休，由于其具有丰富的训练经验，因此，重又回到初级训练阶段。青年队教练员也在 40 岁以下的年龄段创造了最高峰值，造成此现象的主要原因是由于我国在这一年龄段退役的运动员较多，而从事教练员工作是多数退役运动员，特别是优秀运动员的首选。这些被称为"少帅"的教练员，有朝气、有活力、有精力，只是在业务水平、执教经验上尚待提高。成年队教练员在 40 岁以下的年龄段与 41～50 岁年龄段的执教人数基本持平，也主要是由于某些国家队高水平运动员退役及从少年队、青年队逐渐过渡到成年队教练员的基本年限及训练经历所决定的。

长期以来，"优秀篮球运动员 = 优秀篮球教练员"的思想导致了多年来"体育系统"篮球队伍"近亲繁殖"问题得不到遏制。当前，我国绝大部分年富力强的篮球教练员都是由优秀的退役运动员所组成的，他们刚刚走下篮球赛场（有的老队员现在是教练兼队员），未经过系统地、专门地培训便匆匆上岗，这显然与国外优秀篮球运动员接受正规高等教育后再担当教练员之职是无法比拟的。我国长期受传统训练体制的影响，大部分优秀运动员基本上脱离了文化教育的轨道，既使部分运动员接受过高等教育，在教育的深度和广度上也极为肤浅。丰富的运动训练实践，只能是他们成为一名优秀篮球教练员的前提条件，而丰富的专业训练理论与先进的科学知识才是他们在训练中取得成功的关键因素。据国家体育总局对全国 23 个运动队（包括国家队）的 227 名教练员的统计表明①，出身于运动员的竟高达 76%。

（3）教练员学历结构

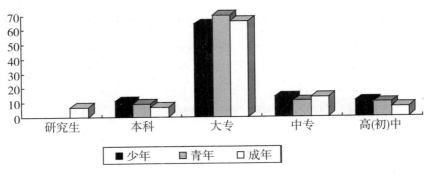

图 4－9　少年、青年、成年队篮球教练员学历结构

①　金宗强. 我国竞技体育后备人才培养的基础建设［J］. 山东体育科技，2002（1）：59～63.

在我国科技、文化和教育的发展过程中,"学历"是用来衡量一个人知识水平的重要标准。"学历"既反映了一个人接受正规教育的程度,同时也反映了一个人的知识涵养。图4-9是对我国少年、青年、成年队教练员学历结构的统计。依据统计结果可知,就我国篮球教练员整体而言,学历水平尚显偏低。在美国,各级篮球教练员必须是在全国规定的60所大学的本科生或其它大学毕业的研究生才有当篮球教练员的资格。而我国现阶段拥有大学本科学历的篮球教练员比例较低,只有一名教练员获得研究生学历,绝大部分为大专程度,而且相当部分大专学历是当运动员时或退役后通过体育院校部分课程学习后而列为大专水平的。当代社会是信息的社会、知识的社会、科技的社会,在此种社会环境下,篮球运动从观念到理论、从训练方法与手段到临场指挥与应变都发生了深刻的变化。由于教练员的学历层次较低,往往会影响到教练员敏锐的洞察、快速的思维、及时地发现问题、周密地分析问题与果断地解决问题的能力。

近年来,国家各运动项目管理中心已经深刻地意识到教练员文化素质与学历层次的滞后性,为提高教练员的业务水平,积极地采取了举办高、中、初级教练员岗位培训班及教练员持证上岗等举措。但教练员执教水平的提高是一个全局性的、深层次的问题,为了扭转现状,我们除了采取短期班、培训班等学习形式外,还应在教练员培养的管理体制、组织形式、培训模式及制度条例上进行更深入地改革与完善。

通过上述对我国人力资源——教练员现状的分析可知,我国教练员在中国竞技体育事业的发展历程中虽然取得了不可磨灭的功勋与成绩,但是部分项目、部分教练员自身知识水平不高、执教经验不强等因素也已成为制约我国教练员整体发展的主要屏障,因此,中国竞技体育的发展还需要涌现与培养出更多、更好、更优秀的"伯乐"。

### 三、"体育系统"财力资源配置现状剖析

我国竞技体育近年来取得的辉煌成就与我国竞技体育投资体制密不可分。随着竞技体育竞争的日趋激烈,原有的竞技体育投资效益体系已越来越不适应社会主义市场经济的发展,一些深层次的问题开始逐渐暴露,这在一定程度上

阻碍了竞技体育的可持续发展。① 因此，如何建立与社会主义市场经济体制相适应的、符合我国竞技体育自身发展规律的竞技体育投资体系，使我国竞技体育发展走可持续发展道路，实现由粗放型向集约型的转变，将是当前亟待解决的课题。

（一）我国"体育系统"投资体系的形成过程

我国竞技体育投资体系大体可分为三个历史时期。第一个时期是党的十一届三中全会之前，这一时期实行的是高度集中的计划经济体制，以指令性、计划性配置资金，对竞技体育投资实行统包、统管的供给型政策。第二个时期是从1978年至1992年，这一时期党的工作重点开始转向以经济建设为中心，对竞技运动项目实行"预算包干、结余留用、超支不补"的原则。第三个时期是从1992年至今，这一时期随着社会主义市场经济体制的逐步建立，政府对竞技体育投资的范围、重点和结构都发生了较大的变化。在投资范围方面，根据各项目的特点，实行了分类管理；在投入重点方面，根据"奥运战略"的指导思想，力求重点保证我国运动员参加国际体育大赛的需要；在投入结构方面，将财政投入用于专业运动队的建设等②。

（二）我国"体育系统"投资体系运行中存在的问题

多年来，我国形成的竞技体育投资体系能有效地集中我国有限的财力，最大限度地发挥举国体制的优势，充分地体现了社会主义制度的优越性。但是随着社会主义市场经济体制的建立，我国现行的竞技体育投资体制也越来越显示出其局限性，主要表现为：

1. 投资经费不充足

经费短缺已成为制约我国竞技体育发展的突出矛盾。从财政投入看③，各级财政对体育系统投入的资金从1978年的2.54亿元增加到1996年的32.06亿元，资金总额达到234.4亿元，年均增长率14.7%，体育事业费占国家财政支出的比重也由1978年的0.23%上升到0.41%，但与实际需要仍相差甚远。多数项目的社会化程度还比较低，体育产业化刚刚起步，短期内难以有更多的积累去弥补体育经费的短缺。

---

① 陈林祥.2010年我国竞技体育效益投资体系的研究［J］.体育科学，1999（4）：45～46

② 同①。

③ 同①。

多年来，我国沿袭下来的政府投资渠道，决定了体育经费投入只能高度地集中于数量有限的体工队和体校运动员身上，由于经费不充足，我国对体育后备人才培养的投资所产生的社会效益并不高。美国对学校体育投资的巨大社会效益不仅反映在不断地培养出优秀的运动员，使其长期保持世界体坛的领先地位，还表现在每年帮助约 8 万名中学生运动员进入大学，支持 30 余万大学生运动员的学业，使约 7 万名运动员完成高等教育，吸引了千万名青少年学生投身于体育运动，频繁的校际竞赛对推动学校体育和大众体育的发展起到了明显和直接的示范与指导作用；数以万计的学校体育场馆不仅为运动员所用，也能为人数更多的师生所用①。

　　2. 投资渠道不宽泛

　　长期以来，由于对体育本身的经济功能缺乏一定的认识，使政府财政成为竞技体育的唯一投资渠道。这种投资体制使竞技体育管理部门形成过分依赖的心理，束缚了对竞技体育经济功能的开发，在一定程度上制约了竞技体育事业的发展。虽然在一些市场开发较好的运动项目，已形成了政府投资、产业开发与社会赞助相结合的投资渠道，但大部分运动项目仍未摆脱原有的以国家财政投资为主体的格局。竞技体育发展仍然沿袭着计划经济体制下的投资模式，并没有形成多渠道、多层次的投资格局②。

　　与我国相比，德国的体育经费来源渠道宽泛，除政府对有关体育社团给予一定的经费支持外，经费来源主要是会员费，其次是体育彩票，另外还有社会捐助、比赛、电视转播、门票、俱乐部、财产分红等。以德国体育联合会为例，它的经费来源主要为：会费（25%）、彩票（23%）、资助收入（21%）、纪念币销售（6%）等，其余收入来自于政府拨款和社会捐助。德国体育社团体通过市场手段获得的经费占其总收入的82%，各级政府拨款只占总收入的12%。现阶段，德国已经形成了多渠道、多方位的筹款格局，运用市场经济手段对体育进行管理、经营，现已真正地形成了体育社会化、市场化的融资形式。

　　3. 投资结构不合理

　　随着国民经济的快速增长，国家对体育的投入一直保持着较高的增长率，

①　潘前. 中美体育后备人才培养体制初探［J］. 西安体育学院学报，2003（3）：23～25.
②　陈林祥. 2010 年我国竞技体育效益投资体系的研究［J］. 体育科学，1999（4）：45～46.

但对竞技体育的投资结构仍然存在着不合理现象，主要表现为①：其一，一线与二线、三线运动队投资比例失调。其二，我国竞技体育训练基地重复建设、重复投资现象严重，导致运动训练基地的使用率不高。其三，运动项目重复布局，缺乏整体规划。由于受全运会运动项目设置的影响，各地市都根据全运会的项目设置来发展本地区的体育项目，不能因地制宜地从各自实际出发来发展体育运动项目，搞大而全，结果不仅造成了资金的浪费，而且还放弃了自己的优势项目。

（三）个案调研与分析——篮球项目财力资源现状剖析

1. 训练经费的来源渠道

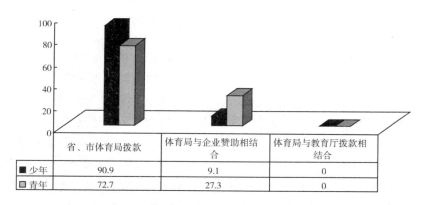

| | 省、市体育局拨款 | 体育局与企业赞助相结合 | 体育局与教育厅拨款相结合 |
|---|---|---|---|
| ■ 少年 | 90.9 | 9.1 | 0 |
| □ 青年 | 72.7 | 27.3 | 0 |

**图 4 – 10　少年队与青年队训练经费的来源渠道**

图 4 – 10 统计结果显示，少年篮球队与青年篮球队训练经费的主要来源渠道是靠地方体育局拨款，此种形式依然沿用的是在计划经济体制下，靠政府调控与国家的财政支持来维系球队的生存。虽然有 9.1% 的少年篮球队和 27.3% 的青年篮球队通过企业赞助获得了额外的经济支持，但是，若想在少年与青年阶段实现篮球运动的产业化、社会化，还将经历极为漫长与艰辛的发展历程。"训练经费投入渠道狭窄"是造成现阶段少年与青年篮球队训练后劲不足与财力缺乏的主要原因。

① 陈林祥. 2010 年我国竞技体育效益投资体系的研究［J］. 体育科学，1999（4）：45～46.

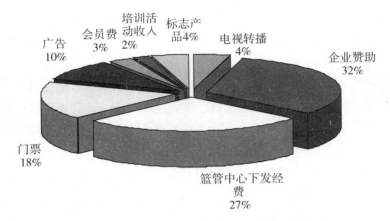

**图 4 – 11　俱乐部球队的主要经费来源**

　　与少年、青年篮球队相比，由于成年篮球队正处于由半职业化向职业化过渡阶段，其主客场赛制改革促使俱乐部球队的经费来源渠道相对较广。其中企业赞助、篮管中心下发的比赛经费占有较大比重，而靠自身经营的标志产品、当地电视台转播权、会员费及培训等项活动的经费收入渠道还未得到深层次的开发（图 4 – 11）。可见，仅以"等、靠、要"等形式来获取经费支持的职业篮球俱乐部还没有真正地成为具有独立经营能力的经济实体。而在美国的NBA，其经营活动却呈现出一片无处不在、百花争艳的景象。如 NBA 总部的收入主要有电视转播权、赞助商广告、授权产品签约金和球队管理费四大部分；球队的收入主要有门票、NBA 总部经营分成、当地电视台和电台转播权、赞助商广告、授权产品使用权等①。与 NBA 成功的经营之道、完善的营销策略相比，中国的职业篮球俱乐部距离真正意义的实体化尚有较长的一段路要走。

　　① 　白喜林．对我国男子职业篮球俱乐部现状的调查研究［D］．北京体育大学硕士学位论文，1999．

2. 训练经费使用情况

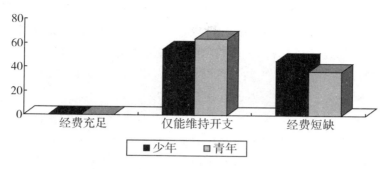

**图 4 – 12　青年队、少年队训练经费的使用**

　　训练经费是支撑球队正常运转的重要保障。依图 4 – 12 对少年与青年篮球队训练经费使用情况的比较可知，两者均存在经费短缺的现象。但相比之下，少年篮球队的经费状况更令人堪忧。究其原因：其一，在市场经济体制的强烈冲击下，"体育系统"多年来形成的"国家办"、"国家养"的后备人才培养体制，由于经费短缺而难以维持生济；其二，"体育系统"将大量的人力、物力、财力和精力投入到国家队建设与职业篮球联赛的运转上，而忽视了更为重要的青少年篮球训练工作；其三，"体育系统"的青少年篮球队多年来已形成了以向政府"等、靠、要"来获取经费支持的方式，缺乏自身造血的能力与意识。

3. 训练设施使用情况

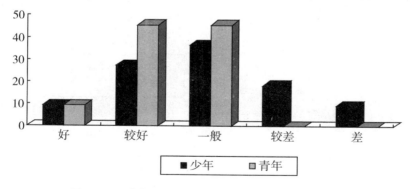

**图 4 – 13　少年队、青年队训练场地设施等办队条件**

依图 4 – 13 对训练场地设施使用情况的调查结果显示：少年与青年篮球队

的训练场地设施等办队条件均不令人满意，但相比之下，青年队的条件要稍好于少年队。虽然训练场地设施等办队条件受各地、市的经济条件和领导的重视程度及社会的支持程度等多种因素的影响，但目前各地、市的训练条件仍对青少年训练产生了消极地影响。[此图示中训练场地设施的界定比例是依据《体育运动学校设置标准（试行）》：现设有 4 块标准的篮球训练场地为好；3 块为较好；2 块为一般；1 块为较差；与其它球类项目合用为差]。

通过上述对我国"体育系统"财力资源现状的分析可知，我国已延续近半个世纪的以国家财政为主体的投资格局，在为我国竞技体育腾飞带来巨大贡献与荣誉的同时，国家财政已难以支撑这一庞大的运转机器。据统计，一块奥运会金牌的背后需要有 7 亿人民币作为代价，这对于一个人口庞大的发展中国家是多么触目惊心的数目！中国的体育强国之路还要继续、中国的竞技体育还要发展，为此，拓宽融资渠道，使体育运动走社会化、产业化的发展道路，将成为中国体育事业继续发展的必然选择。

## 第三节　我国"教育系统"组织资源的"纵向"剖析

### 一、"教育系统"组织资源分布的"纵向"结构

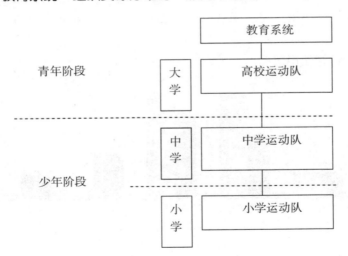

**图 4 - 14　"教育系统"组织资源分布的纵向结构**

我国"教育系统"中的"纵向"结构（图 4 - 14），即在管理体系上是由

大学、中学、小学三级训练层次构成。"教育系统"内组织资源中的人、财、物力等资源，在纵向层次上主要分布于学校体育的不同阶段、不同层次、不同水平与不同形式之中。

目前我国学校课余训练体制大致可以分为三个层次：1. 高校运动队，这是高层，其主要任务是培养高校的高水平运动人才；2. 中学运动队（主要包括传统项目学校等），这是中层，其主要任务是在上好体育课和开展群众性体育活动的同时，积极开展各运动项目的课余训练，努力为国家输送优秀体育后备人才；3. 小学运动队，这是基层，其主要任务是在上好体育课，广泛深入地开展群众性体育活动的基础上，有重点地在小学开展各运动项目的基础训练。

## 二、"教育系统"资源分布的历史成因

20 世纪 60 年代以前。中国高校开展的体育活动既不含有竞技体育的性质，更不是奥运战略的组成部分，高校体育一直是群众体育和学校体育的组成部分，即促进学生德智体全面发展。

20 世纪 60 年代初期。中国高校竞技体育大规模地集中出现于 60 年代初期，当时省市体工队的许多优秀运动员均来自于高校，高校体育为国家整体竞技体育的发展作出了显著的贡献，但是随着"三年自然灾害"和"文化大革命"的来临，使高校竞技体育随着高校教育的停顿而被迫削弱。高校体育的停滞发展，造成了高校竞技体育运动水平与国家整体竞技运动水平的差距。随着"文化大革命"的结束，高校竞技体育逐渐恢复了正常运行。

20 世纪 80 年代以后。80 年代初，中国重返国际竞技大舞台，繁重的竞技任务和经济体制改革过程中产生的财政压力使体育部门独家承担竞技体育全部任务的负担加重。与此同时，教育部门自身也面临着参加世界大学生运动会等各项国际高校竞技体育交流的任务，这也激发了教育部门发展高校竞技体育，参与国际竞争的积极性[1]。为了尽快地将我国大学生运动员推向"世界大学生运动会"的赛场，从而真正地反映我国大学生的整体素质和高等教育的育人力度，原国家体委、国家教委于 1986、1987 年联合颁布了多项管理文件。我国高校自 1987 年开始在 57 所高校试点，经过十几年的努力，高校竞技运动水

---

① 蒋玲. 高校竞技体育管理体制的建设与发展研究 [J]. 北京体育大学学报，2001（4）：450～451.

平有了质的飞跃，我国高校办竞技体育的规模不断扩大，现已达到235所高水平运动队。更令人振奋的是2005年8月23日，在土耳其举行的第23届世界大学生运动会上，我国大学生军团获得了21金、16银、12铜的好成绩，超额完成了赛前10～15枚金牌的目标。这届大运会最特别的地方即在于我国首次以教育部牵头组队，代表团中201名运动员由来自44所大学的在校学生组成，而比收获金牌更让中国代表团和中国大学生感到欣喜和骄傲的是来自清华大学的胡凯和王颖在男子百米和女子三级跳远比赛中夺的金牌。尽管他们的夺冠成绩并不显赫，但其"纯正"的大学生身份在一定程度上证明了中国的大学是能够培养出在世界赛场上具有竞争力的高水平运动员的。

以高校竞技体育改革为龙头所形成的小学——中学——大学"一条龙"的人才培养模式，在高校竞技水平普遍提高的同时，对中、小学也产生的强大的激励与辐射作用。自1988年原国家教委相继批准了320所培养竞技体育后备人才试点中学后，有2万多人受训，每年向高等院校输送5800余人。2002年第8届全国中学生运动会上共有17人达到国家运动健将标准，221人达到国家一级运动员标准。这表明大学生高水平运动队生源的数量和质量都有了明显的改观。

我们在为"教育系统"办竞技体育事业所取得的成绩而欢欣鼓舞的同时，也应该冷静地思考，对于培养具有"高教"与"竞技"双重人才标准的高校高水平运动队来说，在其不断发展与完善的过程中，仍将受到"体育系统"的国家竞技体制与"教育系统"的国家教育体制两种不同体制所带来的相互影响与制约。

### 三、"教育系统"人力资源配置现状剖析

（一）"教育系统"人力资源——运动员

1. 高校运动员的生源渠道

作为办高校运动队的学校来说，既要考虑到长远目标——"为国争光"，同时更要着眼于当前目标——"为校争光"。一般来说，高校首先考虑的是"为校争光"，这是学校办队的精神支柱。因此，许多学校都不约而同地从专业队招收退役运动员，这种急功近利的"拿来主义"是显而易见的"为校争光"，但依靠这批退役运动员来实现"为国争光"的目标是不现实的，也是不可能的。

由于培养目标不明确，必然会形成两种生源渠道，一种是经学校系统训练

后产生的"大学生运动员";另一种是从专业运动队退役的"运动员大学生"。前者要参加全国统一考试,后者由招生学校特许进校。在目前允许两种招生渠道并存的特殊阶段,从运动技术水平来看,前者无法与后者抗衡;但从长远的发展来看,后者不如前者的可塑性大。

从我国体育人才培养体系看,运动员到中学阶段将有一"分流"。在"分流"期间学习成绩与运动成绩均优异的选手将面临双重选择,或进入体工队从事专业训练,或进入大学,以学业为主,同时继续纯业余的运动训练。目前,我国高校运动队的主要生源渠道为:(1)单考或免试录取各省市专业队退役的运动员;(2)降分招收省市体校一线或二线队伍的部分运动员;(3)小学——中学——大学"一条龙"业余训练培养的运动员;(4)部分大学与专业二线队伍建立的合作办学模式。从上述四条生源渠道看,来自第一条渠道的运动员已经过了长期的专业训练,技术水平较高,取之即用,在一定程度上可借助他们已经具备的运动技术水平,为学校争得荣誉。但受其年龄和原有技术水平等多种因素的影响,多数退役运动员进一步发展的潜力较小,很难达到高校培养高水平运动员的真正目的。这决不是主要的生源渠道。来自第二条渠道的运动员,年龄在17~19岁,一般都具备较好的早期训练基础,若再通过高校4年的系统训练,有可能达到较高水平。但这类学生在基础训练和专项提高阶段均受到"学与训"双重矛盾的影响,文化课底子薄、知识积累少,一旦步入"大学"殿堂,难以适应高难、繁重的学习压力,因此,只有在中学阶段更好地解决"学与训"的问题,才能成为未来高校高水平运动员的主要生源渠道。来自第三条渠道,即"大、中、小学一条龙"训练体系的后备人才,应该成为高校高水平运动队最佳的后备人才输送渠道。第四条途径正处于"体教结合"的雏型阶段,"体教结合"的关键因素是体制与机制的保证①。

相对于中国高度统一、高度集中的高教体制,美国的高教体制却具有较强的松散性,各高校都有制定本校政策的权力,而在人才培养体系上却又具有很强的系统性和单一性。它的竞技体制是以学校为中心,依靠小学、中学、大学的业余训练来形成整个训练的"一条龙"体系,将中学作为培养奥运会冠军的基地,高校则是绝大部分运动员攀登世界竞技体育高峰的必由之路,由此形

---

① 平杰.普通高校"体教结合"提高大学生运动员质量的对策研究 [J].上海体育学院学报,2001(3):45~47.

成了强大的人才培养体系①。美国高校更注重运用法律的手段来管理运动员选材，采用统一的最低文化录取标准对各大学的选材加以宏观调控，依靠体育奖学金来吸引优秀的体育运动人才，大学已成为培养职业选手的人才库。

**表4-1  中美高校管理体系各因素对比**

| 国家 | 国家训练体制 | 管理体系 | 高教体系 | 人才体系 | 立法 | 所处地位 |
|------|------|------|------|------|------|------|
| 中国 | 专业、业余、职业并存 | 行政手段 | 高度统一高度集中 | 关联性弱输送分流 | 尚不健全 | 从属地位 |
| 美国 | 职业、业余 | 完善、严格制度体系 | 多元化 | 系统性强输送一条龙 | 有专门体育管理 | 主导地位 |

从表4-1中、美高校管理体系各因素对比可见，美国高校竞技体育在该国竞技体育体系中占主导地位，美国竞技体育中绝大多数优秀运动员都是在高校竞技体育系统中发展和培养出来的，而且各职业俱乐部的绝大多数后备人才也是从高校中选拔出来的。中国高校竞技体育在管理上长期依靠行政手段，以直接行政管理为主要内容、基本上无法可依，在涉及高校竞技体育人才培养和交流等方面，难以适应市场经济条件下我国高校竞技体育发展的需要②。

2. 高校运动员的学习管理

我国各高校运动训练工作的组织领导体系基本相仿，大部分均由一位副校长分管，依靠体育教研部（室）具体负责运动训练工作，完成比赛任务。目前，对大学生运动员的学籍管理主要实行累计学分制和延长学习年限的方法。对大学生运动员的日常学习管理主要采取以下几种形式：一是随班学习，联合管理；二是单独编班，联合管理；三是随班学习，体育部单独负责管理；四是单独编班，体育部单独负责管理。从实践效果来看，随班学习，联合管理的反响最好。因为，运动员既可以选择自己喜爱的专业，又可以在班集体中受到一定的纪律约束，还可以在同学中接受更多的文化知识，使运动员始终处于一个

---

① 蒋玲. 高校竞技体育管理体制的建设与发展研究 [J]. 北京体育大学学报，2001（4）：450～451.

② 蒋玲. 高校竞技体育管理体制的建设与发展研究 [J]. 北京体育大学学报，2001（4）：450～451.

开放的、竞争的环境之中，有利于各方面能力的培养与提高。

与美国 NCAA 对大学生运动员的学习管理相比，美国高校更注重贯彻全面发展与学术平等的原则。学生运动员参加体育运动、接受体育教育只是大学教育经历的组成部分，"学生运动员"的名称意味着"学生"是其第一位的职责，应把学业放在首位。美国大学生体育联合会宪章特别强调："不允许把运动员视为获胜的工具，必须保证运动员的学业，保证运动员的身心健康。"运动员毕业率必须与全校学生毕业率一致；运动员的学习统一由学校的学业管理部门来管理，与体育管理部门无关；运动员的课程选择权由专职指导教师负责，实行学分制，多数运动员采用延长学习年限的方法来缓解学习与训练的矛盾①。

3. 中、小学运动员的培养渠道

现阶段，中、小学运动队主要以遍及全国各地、市、县的中、小学运动队组成运动训练的基层组织体系。其培养渠道主要以传统运动项目学校和后备人才试点学校为主。

传统项目学校是指开展学生体育活动形成传统，并在体育运动项目技能上具有特色的学校。传统项目学校应在广泛普及学生课外体育活动、增进学生身心健康，积极开展特色项目训练、提高学生运动技术水平及培养体育后备人才等方面发挥骨干示范作用。中学传统项目学校是国家教委于 1979 年开始创建的。运动项目后备人才试点学校是在传统项目学校的基础上发展起来的，是传统项目学校的发展与提高。从其产生与发展的动因看，试点学校是一种源于传统项目学校，又不同于传统项目学校，且又区别于业余体校的新型的中学业余训练组织形式。后备人才试点学校的培养目标也有别于其它两类学校，其目标为"使受训练学生在全面发展的基础上掌握一定的专业基础知识和运动技能，为高等院校输送有运动特长的新生力量，为国家建设培养后备力量。"从其改革与发展的目标看，传统项目学校和后备人才试点学校本着体育与教育相结合的原则，弥补了青少年业余体校在其发展过程中体育与教育脱节的现象，但是大部分传统项目学校与后备人才试点学校的训练水平由于受多种因素的制约，对竞技体育的贡献率仍然十分有限。

---

① 王晓东. 由中美大学篮球联赛运行机制比较看 CUBA 可持续发展 [J]. 西安体育学院学报，2004（2）：79~80.

德国、英国在竞技体育后备人才培养渠道上有相似之处，即以学校为基础，以俱乐部为载体，形成体育后备人才培养体系。英、德两国良好的经济基础及人们对体育的价值观为体育后备人才的培养奠定了较好基础。如德国科隆市就有 39 所中学为竞技体育培养和推荐后备人才。德国对后备人才培养的经费投入很大，培养方式上实行了训练基地的作法，科隆市有 40 处培训基地，与附近学校结合培养后备人才，文化学习在学校，运动训练在基地。他们重视"培养学生的兴趣，发现学生的能力"。重视科学训练，在训练时间和竞赛的安排上严格按照青少年儿童的生理和心理特点，不同年龄组安排不同的训练时间和内容。

本世纪初，以体育管理体制改革为契机，加大信心、加大力度、加快步伐，使人力资源实现从"体育系统"向"教育系统"的转移，践行大、中、小学"一条龙"的人才培养体系，不依靠退役选手拿奖牌，放远眼光，着眼于拿全国冠军和世界冠军，走与中、小学联合办学之路，早期发现人才、早期培养人才；充分调动中、小学体育训练的积极性，充分利用大学的有利条件，从小培养，形成"教育系统"自己的人材培养体系，尽快与国际接轨。

（二）"教育系统"人力资源——教练员

1. 高校教练员的来源渠道

教练员执教水平的高与低将直接关系到运动员的训练水平和比赛成绩。有关数据显示，高校高水平运动队教练员队伍中，有 95% 来自于体育院校和师范院校体育系，这些教练员虽然具有专业和相关理论知识，但缺乏高水平的训练和比赛经验，因此，高水平教练员欠缺是当前阻碍高校高水平运动队发展的主要"瓶颈"。现阶段，在我国各高校执掌帅印的教练员中，多数教练员均由本校体育教师担任，少数教练员从外单位聘请或调入，极少数的教练员具有训练高水平运动员的经验，目前尚未完成由"教学型"向"训练型"的过渡与转轨。

现阶段，我国各高校的教练员主要采用任命制。教练员是由体育教师兼任，也就是说教练员仍是学校稳定的教师，教练员一职仅为其"副业"。以行政管理手段为主，不采取契约形式，经济手段的调节与刺激作用尚未得到发挥，教练员的真正身份是教师，教练员工作作不好可以回到教学岗位继续执教，工作压力相对较小。现阶段我国高校教练员的上述管理形式，将不利于其发挥出自己的全部精力。与美国 NCAA 高校教练员的现状相比，美国高校是以运动成绩来决定教练员命运的，合同制、聘任制和高薪制的吸引，驱使教练员无论在执教水平、执教能力和敬业精神上都处于前列，教练员队伍的整体水平在激烈的竞争中得到提高与优化。为此，我国应从以行政计划手段为主的管理方式逐步转向以经济、法律为主的管理方式，进一步明确教练员的责、权关系，形成符合我国国情的管理模式①。

2. 高校教练员的执教水平

高水平的教练员队伍是办好高水平运动队的关键环节。高校竞技成绩的提高必须依赖于一支业务素质过硬、文化科学知识渊博、专项训练能力强和事业心强的结构合理的教练员队伍作保证。目前中国高校教练员几乎均是以本校"亦教亦训"的体育教师为主体，有相当一部分高校教练员还承担着繁重的体育教学任务，使其难于进一步加深运动训练理论和实践的学习与研究，一旦跨进高水平运动训练这个相对陌生的领域，训练经验和理论知识即相形见拙。美国高校教练员分为专职和兼职两类。在 NCAA 甲组和乙组的高校运动队中有90% 以上都是专职教练员。据 NCAA 统计②，甲组和乙组的教练员绝大部分均有较高的运动经历和一定的理论水平，经多年努力，美国高校竞技体育已逐步形成了一支学者型的教练员队伍，从而为其提高运动技术水平提供了可靠的保证。

为提高"教育系统"教练员的执教水平，目前应以完善人才培养机制、鼓励和支持人才发展、优化配置人才资源为目标，围绕"编制、设岗、考核、待遇"等方式进行人事制度改革：其一，从教练员培养、业务提高、工作待遇以及社会地位等方面入手，学校领导及上级主管部门积极创造条件，逐步建立教练员培训、进修制度，有目的、有组织的分期、分批采取在职或脱产培训或轮训，设立专门的实施机构，对现有的教练员进行业务考核、竞争上岗；其二，采取有效措施，提高其地位及待遇，改善训练及生活条件，使他们能安心地从事训练工作；其三，建立固定编制与非固定编制相结合的管理体制，搞活校内外用人机制，营造有利于高水平教练员脱颖而出，具有竞争与约束功能的机制与环境；其四，在大学高水平运动队中设立特聘高水平教练员岗位，从体育系统引进执教水平较高，事业心较强的教练员，如清华大学引进的跳水队教

---

① 侯伟. 中美高校竞技体育管理模式探析［J］. 南京体育学院学报，2005（6）：56～58.

② 同①

练员于芬、射击队教练员张恒等，这些高水平教练员的引进必将为高校运动竞技水平的提高带来积极的促进因素。

### 四、"教育系统"财力资源配置现状剖析

"教育系统"发展竞技体育，虽然在人力与物力资源方面已经具备了一定的优势，但资金紧缺仍然是目前"教育系统"开展训练工作中的主要障碍。现阶段，高校运动队的训练、比赛经费主要通过下述四个途径获取：1. 与企业、行业体协、体委合作获得经费；2. 学校行政拨款；3. 学校外行政拨款；4. 自筹资金。据 1994～1996 年对 48 所试点高校的调查结果显示[①]：各高校运动员人均经费只有 1661. 42 元/年，最低只有 600 元/年，最高为 3400 元/年，其中包括伙食补贴和训练、比赛、服装等一切开支。据国家教育部体育卫生与艺术教育司《关于高等学校课余训练试点工作评估方法》中规定的运动员年均训练经费为 4000～5000 元的标准相比，多数高校达不到标准。高校有限的资金将难以保证运动队的正常训练与开支。以相对富裕的江苏省高校为例，南京大学仅每年用于运动员训练补助的费用上就占了运动队经费的近 1/2。清华大学由学工部从各种助学金、奖学金、补贴中下拨给正式建制的 350 名运动员的训练经费为 20 万元/年，人均也只有 571 元/年。而江苏省专业队运动员一年平均费用就达 22000～23000 元/人。与美国 NCAA 训练经费的来源渠道相比，美国运动员没有训练补助费，但享有高额的体育奖学金，同时可以减免学费。

为此，现阶段应进一步拓宽融资渠道，通过增加每年学校划拨的体育经费数额，争取社会力量的支持和教育局、体育局、学校三位一体联合投资运动员（队）及借助高校高科技的雄厚实力与厂矿、企业挂钩等多种举措，提高"教育系统"的资金成本。

另外，借鉴美国大学生体育联合会的融资渠道，对于开发"教育系统"的财力资源将具有一定的参考价值。NCAA（美国大学生体育联合会）是一个社会化的体育组织，其主要的经费来源渠道为：各成员机构交纳的会费；NCAA 的锦标赛收入；由政府或外部组织，个人提供的发展基金、奖学金；商业活动、广告赞助；机构的集资活动等。美国各所大学均与商业活动有着密切

---

① 侯伟. 中美高校竞技体育管理模式探析［J］. 南京体育学院学报，2005（6）：56～58.

的联系，不论是公立还是私立大学都能依靠学费来进行教学和科研工作。大学竞技体育的经费来源，一方面离不开学校的财政支持，另一方面主要来自NCAA 的篮球队、棒球队和其它观赏性较强的运动队给学校带来的巨大收益。

通过上述对我国"教育系统"人力与财力资源现状的分析可知，虽然我国近半个世纪竞技体育运动的发展历程，使"教育系统"内的人力与财力资源尚未得到充分的开发、使用与投入，但是随着体育管理体制改革进程的不断加快与完善，"教育系统"所具有的后发优势将更加明显，教育系统的人力与财力资源将得到最佳的整合与配置，"教育系统"将成为中国体育事业发展的生力军。

## 第四节　我国"社会系统"组织资源的"纵向"剖析

### 一、"社会系统"组织资源分布的"纵向"结构

我国"社会系统"中的"纵向"结构（图4-15），即在管理体系上是由职业体育俱乐部与业余体育俱乐部两个层次构成的。"社会系统"内组织资源中的人、财、物力等资源，在纵向层次上主要分布于社会体育的不同阶段、不同层次、不同水平与不同形式之中。

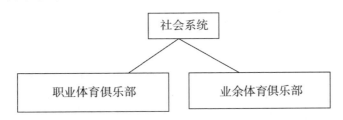

**图4-15　"社会系统"组织资源分布的纵向结构**

现阶段，体育俱乐部有业余和职业之分，职业体育俱乐部在国家体育总局运动项目管理中心的宏观管理下通过运动项目协会组织运行，以提高运动项目的竞技水平，促进运动项目的发展为宗旨。业余体育俱乐部根据其不同的水平与层次，通过国家、地方或行业体育协会开展体育活动，不断扩大业余体育俱乐部的规模、数量，提高运动技术水平，促进业余体育俱乐部的发展。

### 二、"社会系统"体育资源的历史成因

"社会系统"体育资源以体育俱乐部为组织形式，其人、财、物力资源分

布于不同体育俱乐部的不同组织形式与组织过程之中。

体育俱乐部是社会化的体育组织，是协会制的产物，也是世界上大多数国家普遍采用的形式。体育俱乐部有两种类型：一类是职业体育俱乐部。它是随着体育社会化、产业化和职业化的进程而逐步发展起来的。职业体育俱乐部是职业竞技体育的主要组织形式，在国际上已深入人心。另一类是各种群众性体育俱乐部。群众性体育俱乐部是贯彻落实全民健身计划和奥运争光计划，联结群众体育与竞技体育的一种有效的组织形式。

改革开放之前，我国无职业体育俱乐部，体育机构是由国家直接拨款和管理的事业单位。随着计划经济向市场经济体制的转轨，我国出现了以足球、篮球等项目为代表的职业体育俱乐部。虽然在管理过程中已经取得了一定的成绩，但在体育资源的使用与分配等方面，仍未走上正轨。

1992 年，党的十四大提出："我国经济体制改革的目标是建立社会主义市场经济体制，以利于解放和发展生产力。"市场经济是以市场机制作为实现资源优化配置基本取向的经济运行方式和管理方式，社会主义市场经济的建立，将极大地震撼我国经济运作的基本方式，也为社会各组织的发展提供了广阔的空间和动力支持，进而也为"社会系统"办体育，开发体育资源，提供了有利的外部环境保障。

### 三、"职业体育俱乐部" 资源配置剖析

（一）"职业体育俱乐部"的形成内涵

"职业体育"是相对于业余体育而言的。业余体育是业余性质的，参加者另有职业，只是把体育运动当作一种娱乐、健身的手段或业余爱好；而"职业体育"则是职业性的，参加者把它作为一种职业和谋生的主要手段[①]。"职业体育"是指在商品经济充分发展、体育文化市场不断扩大的条件下，自觉地运用价值规律，利用高水平竞技体育比赛的商品价值与文化价值，参与社会商业活动及社会文化活动，并通过体育市场，使运动员获取高额生活收入，使经营实体（俱乐部）获得经济效益和社会效益的竞技体育运动体制。"职业体育"的主要特征是：高度的技艺性与观赏性；高度的集团化与国际化；运动项目的商业性与职业运动员的高收入。"职业体育"的实质是运动员竞技能力

---

① 梁建平. 对我国篮球职业化改革的思考［J］. 北京体育大学学报，1999（2）：24～27.

潜在的商品价值与文化价值在实行商业服务和体育文化服务过程中所产生的价值交换和价值转移。"职业体育"最突出的表象特征是商品化色彩的全面渗透。在职业运动体制下，运动员及其表演被看作是商品，他可以在约定的范围内自由买卖。

所谓"职业化"是指以自己创造的体育价值完成交换，从体育市场获得收入，并以此维持自身的生存与发展。"体育职业化"，就其本质特征而言，即人们把体育运动看作一项产业，一项职业。运动员通过从事体育运动来谋生，并能够创造价值。在职业化进程中，市场是关键性因素，它决定了职业化最终的成败，要想实现职业化，就必须生产出能满足市场需求的产品。

"职业体育俱乐部"是职业体育最重要的训练模式和表现形式。它是以市场为依托所形成的具有自我发展、自主经营、自身造血功能的经营体育运动的实体化机构，是具有民事权利和民事义务的法人①。

（二）"职业体育俱乐部"的责权机制

目前，在我国体育体制改革不断深化的进程中，由于政府行为过多地涉入和干预到职业体育领域，从而使运动项目管理中心具有"办竞赛、管竞赛、裁竞赛"的多重角色与身份。运动项目管理中心依靠其长期在计划经济体制下形成的权力与权威，对参赛的职业体育俱乐部进行行政指令性管理。但是，职业体育俱乐部一般都隶属于某家大企业（由某家企业赞助或买断），与运动项目管理中心之间并不存在直接的行政隶属关系和产权关系，因此，运动项目管理中心现阶段所行使的行政管理职能实际上并不具备市场经济体制下的法律约束力，但由于运动项目管理中心与职业体育俱乐部的产权关系混乱，进而造成了俱乐部为比赛、训练出资出力，却不具有所有权、管理权与经营权；而运动项目管理中心并未出资，却以所有者的身份享有管理权与经营权的结果。由于俱乐部在竞赛中无法获得独立的经营权，因此，难以实现真正的自主经营、自负盈亏。

（三）"职业体育俱乐部"发展进程中的影响因素

现阶段，在"职业体育俱乐部"发展进程中产生的主要影响因素可以概括为：

其一，社会商品经济的发展程度。马克思主义认为：物质生活的生产方式

---

① 赵芳．中、美职业篮球俱乐部之比较［J］．首都体育学院学报，2001（2）：63~69.

制约着整个社会生活、政治生活和精神生活的过程。也就是说，物质资料的生产是人类社会存在和发展的基础。体育职业化的本质内容之一，就是把体育看作一项产业。因而必然涉及到生产和交换问题。从生产的观点看：体育职业化的主体——职业队，通过表演（生产）为消费者提供服务，获取经济效益，从而完成自己的生产交换过程，同时也促进自身的发展、壮大。从消费的观点看：我国总的消费水平较低，消费结构中实物型消费占主导地位，娱乐消费占次要地位，但从长远来看，我国消费水平将有显著提高，在消费结构中，娱乐消费的比重将会有所改善。但如果在体育职业化的进程中，不能吸引大量的社会各界人士，特别是企业界人士的支持和参与，不能充分体现体育运动潜在的文化价值和商业价值，那么体育职业化的进程就会受到挫折。

其二，职业化进程的运营方式。我国体育职业化进程是使职业体育俱乐部成为自主经营、自负盈亏、自我发展、自我约束的利益实体。既然是一个利益实体，就有一个产权归属问题，如果产权归属不明确，职业俱乐部的"四自"就会流于形式。职业体育俱乐部从本质上讲就是一个企业，它可能是一个独立的企业，也可能是隶属于某集团、公司的子企业，但它必须有自己的经营权等权利。离开这一点，体育职业俱乐部的建立和发展，就会缺乏长久的内在动力支持。同时，只有拥有全面的自主权，才有可能按照市场经济规律经营和管理体育俱乐部。但从我国体育高水平运动队的现状来看，距离真正的职业体育俱乐部在运行机制与组织结构上尚有较大的差距①。

（四）"职业体育俱乐部"的发展走向

国家体育总局篮球运动管理中心副主任胡加时曾在《全国篮球训练工作会议》上针对职业篮球俱乐部的发展问题作了下述讲话："为了向真正的职业篮球俱乐部过渡，从现在起我们将着手研究职业篮球俱乐部的建设问题，使目前的俱乐部成为产权明晰、责权明确、自主经营、自我发展、自我完善、自我造血、自负盈亏的独立企业法人"。结合我国体育管理体制改革的具体国情，本人认为，现阶段我国绝大部分职业体育俱乐部的发展走向应是逐步建立与完善股份有限公司制的职业体育俱乐部组织体系。

股份有限公司的成立，可联络股东投资入股，各运动队经资产评估后作为

---

① 宗卫锋．我国篮球职业化的必要性和影响因素初步分析［J］．体育高教研究，1996（1）：12～14.

无形资产入股。根据股份的大小确定股东在董事会中的席位。俱乐部公开招聘总经理、主教练和工作人员，按公司法的规定进行规范化的运作。股份有限公司制职业体育俱乐部的优越性在于①：其一，有利于明晰产权，协调体育局（学校）、俱乐部和企业之间的关系；其二，有利于筹集资金并确保俱乐部发展的稳定性；其三，俱乐部实行股份制，股东对企业亏损承担有限责任，这种竞争产生的压力有助于提高投资者和经营者的责任心，有效地增强俱乐部自身的发展动力；其四，股份有限公司制的领导结构合理，便于进行民主化、科学化的决策。

（五）个案调研与分析——职业篮球俱乐部人力资源现状剖析

**表 4 - 2    2004 ~ 2005 赛季 CBA 球队俱乐部建制情况统计表    （N = 14）**

| 出资情况 | 体育局与企业合资 | 部队与企业合资 | 企业独资 |
|---|---|---|---|
| 所有权性质 | （体育局与企业共有） | （部队与企业共有） | （企业） |
| 数量 | 10 | 1 | 3 |
| 百分比（%） | 70.1 | 7.1 | 22.8 |

本文以篮球项目为例，通过对我国 CBA 各球队组织建制情况的分析，探讨职业篮球俱乐部人力资源的分布情况。

2004 ~ 2005 年全国男子篮球甲 A 联赛已经步入了中国职业篮球联赛改革的第十个年头。伴随着十年的联赛历程，俱乐部体制改革也经历了曲折而艰难的发展过程。表 4 - 2 是对参加 2004 ~ 2005 赛季 CBA 全国男子篮球甲 A 联赛的 14 支球队（江苏龙南钢同曦俱乐部篮球队、吉林通钢东北虎俱乐部篮球队、山东黄金金斯顿俱乐部篮球队、北京鸭首钢俱乐部篮球队、上海西洋集团大鲨鱼俱乐部篮球队、浙江万马旋风俱乐部篮球队、辽宁盼盼俱乐部篮球队、河南仁和猛龙俱乐部篮球队、福建 SBS 浔兴俱乐部篮球队、云南红河奔牛俱乐部篮球队、广东宏远宝玛仕华南虎俱乐部篮球队、新疆广汇飞虎俱乐部篮球队、陕西东盛盖天力麒麟俱乐部篮球队、八一双鹿电池火箭俱乐部篮球队）俱乐部建制与运动员所属资格的调查。从调查结果看，14 支职业篮球俱乐部中，俱乐部建制与运动员所属资格属于体育局（包括部队）与企业合资型的

---

① 范宏旗. 对我国职业篮球俱乐部理想模式的研究 [J]. 武汉体育学院学报, 2000 (4): 6 ~ 8.

占 77.2%；属于企业法人独资型的占 22.8%。

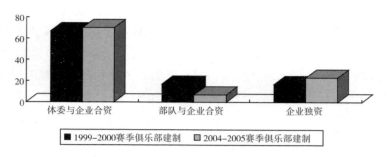

**图 4 - 16　1999～2000 赛季与 2004～2005 赛季俱乐部建制情况对比**

图 4 - 16 是 1999～2000 赛季与 2004～2005 赛季 CBA 球队俱乐部建制情况的对比，依图示反馈的结果可知，属于企业独资型俱乐部的数量与运动员人数略有增加，但距离成为俱乐部球队建制中的主要组成体系尚有较大的差距。究其原因：一是由于国外职业篮球俱乐部、篮球产业建立与发展的背景与我国目前正由计划经济向市场经济转轨的背景不一样。因此，不能盲目效仿，完全照搬国外职业篮球俱乐部的运行机制，很快地将国家投资、体育局管理运动队的体制转变为企业独资型的俱乐部。二是由于国内企业独资办职业篮球俱乐部的可参考经验不足。三是企业投入多、回报低、见效慢等也是阻碍企业独资型俱乐部建立的原因。由此可见，现阶段我国职业体育俱乐部中的人力资源还未在真正意义上走向社会化的自主管理、自主造血的人力资源开发模式。

企业独资型职业体育俱乐部是由一个企业独立出资，采用买断的方式，使教练员、运动员与原单位脱钩，属于所代表企业的员工。俱乐部是具有独立法人资格的经营实体，俱乐部的产权、经营权、管理权都属于企业。企业选派俱乐部的总经理，实行总经理领导下的主教练负责制，按照现代企业的经营管理方式对俱乐部进行经营运作。企业的投入要从俱乐部的经营方面得到回报，并且逐步扩大无形资产，形成经济增长点。这种以经济基础为原动力，以出卖比赛获得经济效益，反过来又刺激体育整体水平的提高，最终逐步形成体育产业的俱乐部形式，不但是市场经济的必然产物，也是全世界职业体育发展的总趋势。市场经济产权的划分有一个原则：谁投资、谁受益、谁所有。根据这一原则，将来的运动队可能既不是体育局的，也不是两家共有的，而是朝着俱乐部相对独立的方向发展。随着体育管理体制改革的逐步深化、球市的日渐火爆、篮球产业的不断扩大，会有越来越多的企业家来投资经营体育事业。例如美国的 NBA，每个职业篮球俱乐部都不属于地方政府中的体育部门，而是属于一个投资者（独资）或者一伙投资者（股份制）。投资者俗称"老板"，他们花钱买下球队，球队即成为他们名下的财产，成为老板投资挣钱的产业。由于老板是球队的投资者和所有者，所以产权归属明确，责、权、利一致。实行老板和董事会领导下的总经理和主教练负责制，保证了总经理负责俱乐部的经营运作，主教练负责球队的训练和比赛，二者有机结合，相辅相承，既能使比赛精彩好看，又能吸引大量的球迷和广告，创造经济效益，从而实现老板出资办俱乐部的真正目的。美国 NBA 职业篮球俱乐部的球队建制非常清晰，球队产权高度集中在少数人手中，所有者一切以市场为导向，对球队进行经营、管理，这也是 NBA 球队得以高效运行的主要原因之一。

（六）个案调研与分析——职业篮球俱乐部财力资源现状剖析

对真正的俱乐部经营来说，必须具备两个基本点：一是建立预算机制，二是经营本体产业。预算机制包括俱乐部成立前的投资可行性分析、投资计划、收支平衡点预测、每个经营年度的收支预测等。对具体的投资者来说，必须严格执行董事会批准的经费预算，通过商业经营的方式，实现预期资产增值和赢利计划。就篮球俱乐部而言，经营本体产业是指经营与运动项目或球队有关的一切商业经营活动，包括赛事经营、球员经纪、特许授权和场馆经营等。体育产业的经营特点：第一，必须把提高竞技体育运动水平放在俱乐部一切经营工作的首位；第二，俱乐部整体共同发展是个体俱乐部发展的必要条件。

全国 CBA 篮球联赛是俱乐部参与最具商业价值的活动，但各俱乐部除了拥有特许位置的场地广告板及门票经营权外，俱乐部在联赛中基本没有什么商业经营空间（个别俱乐部申请不到主场承办权，甚至没有门票经营权），俱乐部自身经营机制不完善，导致无法形成整体的经营优势……由于上述种种因素的限制，导致俱乐部在经营开发方面很难有较大的作为。造成此种局面的主要原因是：国家篮球运动管理中心在代替俱乐部经营职业篮球联赛。在过去的几个赛季里，有关联赛的一切权利都掌握在篮管中心的手中，俱乐部作为一个企业，和市场之间的有机联系被人为地隔离开。

参照国内其它行业经济体制改革的历程可知，最初都是由政府制定计划，操办一切；后来是政府指导，企业有一定的自主权；再后来政府起宏观调控作用，企业完全在社会主义市场经济中谋求生存和发展。对企业改革的必要性、重要性、必然性的认识，现在应不会存在什么争议，那么就完全可以从其它行业中借鉴成功的经验，从而加快体育产业化的改革步伐。在国外，由于竞技体育市场同时具有商品和社会公益的兼容性，很多国家在财政、税收和信贷等方面均向体育俱乐部提供优惠的政策保障，而现阶段在我国却没有相关的法规、政策来扶持俱乐部的发展，俱乐部和一般企业一样要缴纳各种营业税收。为此，我国政府应对正处于渐进发展阶段的职业体育俱乐部给予一定的政策支持，这样将有利于职业体育俱乐部稳定资金，依靠良好的外部环境，稳步、健康、有序、协调的发展。

### 四、"业余体育俱乐部"资源配置剖析

1998年国务院颁布的《社会团体登记管理条例》第二条规定："社会团体，是指中国公民自愿组成，为实现会员共同意愿，按照其章程开展活动的非营利社会组织。"现阶段，社会上存在着多种类型的业余体育俱乐部，它是以健身娱乐为主要目的，由广大群众根据业余、自愿的方式形成的社会体育团体。由于这部分团体在我国尚未纳入规范化的管理轨道，因此，虽然潜藏着大量的人力、物力与财力资源，但由于并未得到良好的开发、应用与推广，使其尚处于无序管理状态。但是随着我国体育社会化程度的不断完善，社会团体中大量尚未开发的体育资源将得到积极的推广与应用，"业余体育俱乐部"也将成为我国体育事业发展的核心力量，成为我国大力开发与优化配置的重要体育资源。

## 第五节　我国"体育、教育与社会系统"组织资源的"横向"剖析

"矛盾"的存在，即是问题的存在，也即是现阶段对我国体育管理组织系统产生影响的因素。本章在对我国体育管理组织系统中的体育、教育与社会系统"纵向"组织资源进行系统分析的基础上，将对我国体育管理组织系统运行中"横向"组织资源之间存在的主要矛盾进行分析。

### 一、"三系统"横向结合的动因

建国以来，我国竞技体育一直采用的是以体校为基础形成的初、中、高级三级训练组织形式。在此种形式下，国家采用行政的方法从宏观到微观对体育事业行使全面的管理职能，然而随着体育事业的迅速发展、体育管理体制改革

的不断深化，过分依赖政府行政管理，仅仅依靠体育局独家办体育的现状，已使"体育系统"感到力不从心。反观国外体育事业的整体发展趋势，多数发达国家更致力于发展旨在提高国民生活质量和健康水平的社会体育，发展社会体育的一个重要基础是搞好学校体育，而学校体育恰好又是竞技体育的基础。世界第一体育强国美国在多年的体育事业发展过程中，已形成了以"育人夺标"为导向的学校体育整体推进系统，由于受教育程度所具有的终身性的特点，使其国民普遍具有良好的健身意识和能力，自发性的健身娱乐活动遍布大小城镇的各个角落和千家万户。在其影响下，竞技体育更是受益匪浅，优秀运动员从大、中学中不断涌现。大众体育和竞技体育的发展无疑为体育产业的发展提供了强大的动力，体育产业的发展则促进了竞技体育的职业化和商业化，进而又刺激了更多的青少年儿童参与学校体育。美国体育现已形成了以学校体育为基础，以体育产业为中心，竞技体育与大众体育同步发展，各方面相互依存、相互促进的良性循环的发展态势。

国外体育事业的整体发展规划与发展战略值得我们有针对性地加以借鉴，我国体育发展战略的重点也应随着国内外政治、经济与社会的发展趋向，向着世界化的发展潮流转变。为此，我国运动训练的主管部门不应仅仅局限于来自政府的体育行政管理部门——国家体育总局，也应来自于政府的其它管理部门（如"教育系统"教育部全国学生体育联合秘书处），同时还应来自于"社会系统"（如中华全国体育总会、单项体育协会和群众团体等）。我国竞技体育人才培养体制改革的发展趋向应是把过去的单轨制改为多轨制，实行多层次、多渠道、多形式的培养体制，发动全社会力量兴办高水平运动队，在"纵向"与"横向"之间建立起组织协调、运转高效的体育管理组织系统。

## 二、成年阶段"体育与社会系统"资源配置的现状剖析

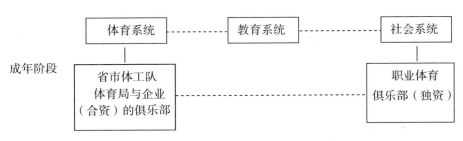

**图4-17　成年阶段组织资源分布的横向结构**

125

自经济体制转轨伊始，我国部分体育项目便开始了产业化、市场化的初步尝试，逐渐从依靠地方体育局行政拨款的省市体工队建制，向体育局与企业合资型建制转变，并有少数体育俱乐部现已形成了企业独资型俱乐部建制模式。虽然职业体育俱乐部的运作模式在中国的社会环境下已经迈出了可喜的一步，但其成长与发展的土壤曾是具有西方理念的、经济发达的资本主义国家，在我国这样一个具有中国特色的社会主义市场经济体制下搞职业体育运动，会遇到许多的问题和亟待理顺的关系，突出地表现在专业竞技体制（体工队）与职业竞技体制（职业体育俱乐部）的矛盾。

　　专业竞技体制与职业竞技体制的核心问题是价值取向不同、资源配置的方式不同。专业竞技体制产生于实行计划经济的社会主义国家，即国家通过体育成就来显示社会主义的巨大优越性，并以此作为激发民族精神，增强民族信念的手段。竞技体育要完全体现国家和政府的意志，唯一的选择就是由政府控制竞技体育运动中包括人、财、物在内的全部资源。职业竞技体制运行的根本目的是获取经济效益，这是职业竞技存在的前提和根本。政府没有赋予其某种崇高的价值追求，对它的唯一限制就是要"合理和守法"地配置人、财、物力资源。因此，实行市场经济的国家几乎没有设立专门对竞技运动行使管理的政府职能机构。无论是个人、运动协会，还是俱乐部都具有充分的自主权，只要是法律允许，就可以按照市场需求独立地进行人、财、物力资源的投资与运营。协会与协会之间、俱乐部与俱乐部之间是自主的、平等的伙伴关系，它们为了各自的利益、兴趣和爱好，既互相竞争，又互相合作。

　　由此可见，在我国特有的社会环境下，如何将现有的体育资源实现从专业竞技体制向职业竞技体制管理模式的过渡，也即是体育资源真正地实现从"体育系统"向"社会系统"转变的过程。

### 三、青、少年阶段"体育、教育与社会系统"资源配置的现状剖析

（一）"体育与教育系统"的资源配置

　　本文在对"体育系统"青年阶段所存在的主要"资源"问题进行调查与分析时曾指出，学训问题、生源短缺及经费不充足等问题是现阶段制约青年队运动员训练水平提高的主要因素。无独有偶，在对"教育系统"大学生运动员现阶段存在的主要"资源"问题进行分析时发现，生源问题、学训问题与经费问题也是其现阶段存在的主要问题。由此可见，青年阶段"体育系统"与"教育系统"同样存在着学训矛盾及经费短缺问题。多年来，"体育系统"

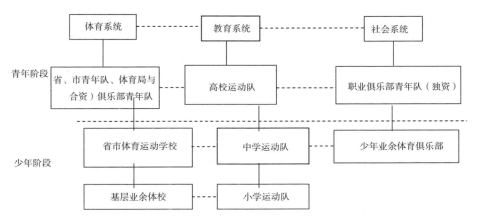

**图4-18 青、少年阶段组织资源分布的横向结构**

培养的运动员，重视"训"而忽视了"学"；"教育系统"培养的运动员，重视"学"而忽视了"训"。究其原因，本人认为："体育系统"的训练时间多于学习时间，加之教练员执教经验丰富，因此，其竞技水平高于高校运动员；而"教育系统"的学习时间多于训练时间，加之教练员执教水平相对较低，因此，形成了其竞技水平低于"体育系统"青年队，但文化水平较高的现状。现阶段，由于我国"体与教"的矛盾，从而使我国的人力资源（运动员、教练员）、财力资源（训练经费）、物力资源（场地设施、办队条件）都造成极大的浪费。为解决资源稀缺问题，实现资源的优化配置，积极地探索与完善"体育与教育系统"的有机结合，不失为理想的解决办法。

1. "体教结合"的内涵剖析

体育与教育结合，是我国建国以来长期实行的一项重要政策，是体育政策，也是教育政策。体育与教育有着内在的、规律性的联系，体育是教育的一部分，是教育的下位概念。从泛义的教育上讲，体育活动也是教育活动，甚至连奥林匹克运动也宣称其是教育的一部分。那么，本文所要探讨的体育与教育的结合，即指泛义的体育与狭义的教育相结合，即体育与德育、智育、美育等的结合。以此为出发点，"体教结合"中的体育，是指我国体育系统所管理的体育事业，包括群众体育、竞技体育、体育产业、体育人才培养等，是体育事业发展中所需要和教育结合的内容，而不仅仅是竞技运动与教育的结合。体教结合中的"教育"则指的是我国教育系统所负责的智育等科学文化知识方面的培养等①。

2. "体教结合"的资源优势

著名的体育理论专家马特维也夫认为："未来运动成绩的提高，不能仅靠挖掘运动员的体能和机能，还要靠挖掘运动员的智能。研究和完善体教结合，是体育实践发展的需要。"国家体育总局现行政策提出："要贯彻科教兴体方针，促进训练、科研、教育一体化。要在 2010 年前，初步形成体教结合共同培育高水平后备人才的体系；建设若干个具有世界先进水平的训练、科研、教育一体化的训练基地。加强体教结合，建立跨地区、跨部门培养高水平后备人才的激励机制，逐步形成与社会主义市场经济相适应的后备人才培养体制。"李岚清同志在讲话中也曾指出："科教兴国，一字千金"。科教兴体，体教结合，对"体育与教育"均能产生较高的社会效益和经济效益，也是"一字千金"。

以清华大学"体教结合"模式为例。从 1997 年底清华大学成立跳水队，吸引著名教练员于芬和运动员伏明霞加盟伊始，清华大学即开始构建起一个宏伟而又高远的体育目标。清华大学以中国的优势项目跳水、射击为突破口，制定了从小学、中学到大学"一条龙"式的系统化和专门化的优秀运动员培养体制。在政策扶持方面，清华大学给予运动员较好的学习环境，保证他们获得从小学、中学到大学一整套完善的教育培养体系。优越的政策吸引了 30 多名运动员幸运地走入清华大学，队员涵盖了从小学、中学到大学的各个年龄阶段，形成了一个阵容齐整、结构合理的人才梯队。"体脑平衡，追求卓越"是清华大学跳水队的口号。2000 年底，清华大学投入 380 多万成立多学科科研小组，小组汇集了 5 个系和 9 个专业的 12 名优秀中青年骨干教师。与此同时，清华大学积极开发软、硬件建设项目，体育场地——人均 6 平方米；体育课程——2 年后达到 50 门；体育教师——8 名博士、10 名硕士；校运动队——21 个项目、28 支队伍；体育协会——稳定在 20 个上下。另外，清华大学还在拥有广泛群众基础的田径、篮球项目上建立了高水平运动队，清华大学赛艇队目前已成为国内一流强队。清华模式的成功经验虽然具有许多其他院校所无法比拟的软、硬件条件，但透过清华模式，我们既看到了一种制度的创新，一种运行机制的成功，同时也看到了"体教结合"的前景。

---

① 马宣建．我国体教结合政策的形成与发展研究［J］．上海体育学院学报，2005（2）：1～5．

美国参加奥运会的运动员基本上是以大学生为主体构成的。纵观近几届奥运会，美国体育代表团80%左右的运动员是从大学生中直接选拔出来的，著名的篮球运动员乔丹、田径运动员刘易斯等一大批举世瞩目的体坛宿将，都是通过大学阶段的培养，最后步入职业体育，取得了辉煌的成绩。以斯坦福大学为例，2000年悉尼奥运会上，斯坦福大学有34名运动员和教练员参加比赛，共获10枚奖牌，其中金牌4枚、银牌3枚、铜牌3枚。1996年亚特兰大奥运会上，斯坦福大学参加比赛的教练员、运动员为49名，获16枚金牌，1枚银牌和1枚铜牌。美国大学生竞技体育之所以能够取得如此显赫的成绩，与其严密的管理体制密不可分。可以说，正是这种先进、实用的管理体制成就了美国竞技体育的霸主地位①。引以为鉴，中国竞技体育的振兴之路，其根基也应牢牢地依托于我国"教育系统"庞大的人力、财力与物力资源。

现阶段，"体教结合"的资源优势主要体现在：其一，能够较好地解决"学与训"的矛盾，培养全面发展并具有体育专长的人才。其二，能够较好地解决运动员退役以后的出路问题。一旦运动员运动生涯结束或生病，不会陷入升学不得，就业不能的两难境地。其三，能够进一步提高人才培养的效率。做到在运动训练的同时进行文化学习，使其退役去向不仅仅只局限于担任教练员，还可以成为具有其他专长的合格人才。其四，"体教结合"模式对计划经济体制下形成的国家"包办代替"的模式形成了强有力的冲击，对体育管理体制改革具有深远的影响。

综上所述，由于"体教结合"解决了"学与训"的矛盾，解决了家长和运动员的后顾之忧，取得了社会各界的信任与支持，得到了经费和设备保障，因此，它将成为竞技体育可持续发展的必由之路②。

3. "体教结合"过程中需亟待解决的问题

（1）人力资源的问题

目前我国竞技体育专业训练和业余训练的主要机构分别是专业运动队和少体校运动队。运动员因从事训练而无法接受正规的文化教育，多数运动员因缺乏基础文化知识而难以升学或就业，部分成绩优异的运动员被高校"特招"，

---

① 肖子亮. 中美高校竞技体育管理体制比较研究［J］. 西安体育学院学报，2005（4）：28～31.

② 俞继英. 21世纪我国竞技体育人才资源可持续开发的思考［J］. 上海体育学院学报，2004（1）：1～6.

但实际上只是"挂名",根本没有从事文化课学习,除了运动技能之外,其它专业技能与理论知识欠缺。现代运动训练的科技含量越来越高,而我国许多运动员凭借先天素质的优势,一开始尚能迅速提高运动成绩,但因缺乏基本的文化知识而影响了综合素质的发展,不能正确领会及有效地配合教练员的指导,结果半途而费。还有不少优秀的运动员退役后留队担任教练员,但因为缺乏基本的文化知识而难以接受和吸收先进的科学训练理论与方法,因而,他们只能凭借既有的经验和感觉执教,无法科学地组织训练和提高训练效果①。

(2)财力与物力资源的问题

我国在过去相当长的时期内,出于社会政治的需要,体育发展方向出现了偏差。体育管理的重点主要集中于竞技体育,大量体育资源投入到高水平的运动竞技领域,仅国家级体育训练基地至少就有 50 个以上,有的基地建设耗资达亿元。虽然我们个别运动项目在国际上处于领先地位,并在奥运会上摘金夺银,但从总体上看,我国竞技运动成绩与整体投资基数仍不成正比。由于竞技体育与教育在体制上的分离,国家对竞技体育的投入在转化为体育资源后难以被共享,产生不了应有的社会效益。学校体育尤其是中小学和群众体育的活动场所与体育设施十分有限,极大地影响了广大学生参与体育运动的积极性,同时使竞技体育发展缺失广泛的群众基础。

(3)管理制度的问题

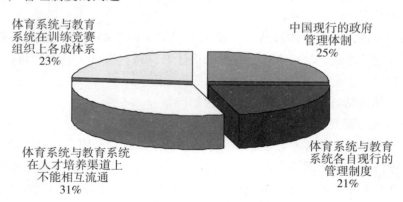

**图 4 – 19　制约"体教结合"发展的主要因素（以篮球项目为例）**

---

①　潘前. 竞技回归教育　完善举国体制 [J] . 体育学刊, 2004 (2): 18～20.

以篮球项目为例，依图 4－19 调查结果显示：多年来，制约"体教结合"发展的主要因素为"体育系统与教育系统在人才培养渠道上不能相互流通"占 31%（如 CUBA 大学生篮球联赛规程规定，不允许在中国篮球协会注册的运动员参加 CUBA 比赛，从而使许多青少年篮球运动员面临着选择"学"，还是选择"训"的两难境地）；其次为"中国现行的政府管理体制"占 25%；第三为"体育系统与教育系统在竞赛组织上各成体系"占 23%；第四为"体育系统与教育系统各自现行的管理制度"占 21%。由此可见，我国体育管理体制的形成、部门的划分、制度的导向都是制约"体教结合"发展的主要因素。

**图 4－20　最理想的从事篮球训练的途径**

以篮球项目为例，图 4－20 是对"体育系统"中体育运动学校的 82 名篮球运动员"最理想的从事篮球训练途径"的调查。统计结果显示，选择"教育系统"的中学篮球队（篮球传统项目学校等）的占 30%；选择"社会系统"的业余篮球俱乐部的占 35%；选择"体育系统"的体育运动学校的占 14%；选择中国篮球学校的占 21%。由此可见，在计划经济体制下，多年来我国形成的竞技体育人才培养的主渠道——体育运动学校训练体制对社会的认同度与吸引力已经逐渐下降了，而社会办体育与学校办体育的规模与影响正在日益扩大。

（二）"教育与社会系统"的资源配置

"社会系统"的职业体育俱乐部青年队正处于早期的高水平训练阶段，各方面尚未成熟，商家不可能用它来创造品牌，当然就不会投入大量资金去养一批短期内见不到效益的队伍。所以，个别运动项目管理中心强令职业体育俱乐部必须成立青年队的作法既违背了商家的意愿，也不可能成为长远之计。将俱乐部青年队放在大学里是世界体育强国的普遍做法（实际上大学队与青年队在年龄阶段的划分上属于同一层次）。为此，现阶段运项目管理中心应与教育部全国学生体育联合秘书处本着"共同发展、互利互惠、谋求双赢"的战略思想，共同商讨关于"职业体育俱乐部青年队如何进入大学校园"的现实问题。进而使青年阶段有限的体育资源在高校中得到优化的配置与最佳的产出。

## 第六节　国外体育管理组织资源配置探析

世界各国的体育资源，由于其根植于不同的社会、政治、经济、文化、教育背景之下，因此产生了不同的体育管理组织资源的配置模式。在社会型体育管理体制下，体育管理资源主要依托于"社会系统"的体育俱乐部进行运作；在政府型体育管理体制下，体育管理资源主要依托于"体育系统"的专门组织机构进行运作；在政府与社会结合型的体育管理体制下，体育管理资源力图通过发挥"体育与社会"两者相结合的宏观与微观管理职能，提高组织资源的运行绩效。

在此，本节将对国外体育运动开展得比较好、运动成绩比较高的几个国家的体育管理组织资源配置的概况地加以简要地介绍与分析。

### 一、美国——体育管理组织资源配置

美国体育管理组织资源中的人力、财力与物力资源是以"教育系统"的中、小学校为"塔基"，以大学为"塔身"，以"社会系统"的职业体育俱乐部为"塔尖"，所构成的规模庞大、体系完备、科学的体育管理组织系统。

美国运动训练的组织形式为：在小学，设有体育代表队，主要是靠体育教师、学生家长和私人俱乐部教练员来培养他们的兴趣和基本运动能力。在中学，几乎每所中学都设有校体育代表队，有的多则几个代表队。校内和校际比赛非常激烈，特别是校际比赛，以每年各州比赛为高潮。此时，各大学专门派人到各赛区选拔有潜力的球员。在大学，每年的大学校际比赛，是各职业体育俱乐部挑选队员的最好时机。美国体育管理组织资源的配置模式进一步证明了美国竞技体育之所以长盛不衰，正是得益于美国所形成的系统、科学、规范的大、中、小学"一条龙"式的组织资源供应渠道与流通模式。

### 二、日本——体育管理组织资源配置

日本的体育训练组织形式与美国类似，是以"教育系统"与"社会系统"

为主形成的体育管理组织资源配置模式。日本体育运动的发展主要在学校和企业俱乐部。中小学是培养体育人才的基地和摇篮，大学和企业俱乐部是培养日本高水平运动员的第二阶段。日本之所以能够把学校和企业俱乐部作为竞技体育训练的主要基地，是因为其教育比较发达，拥有良好的人力、财力与物力资源。学校拥有现代化的体育场馆设施。高校体育奖学金的设立，也极大地吸引了具有体育特长的中学毕业生。职业体育俱乐部以企业为后盾，获得了充分的经费保障。

### 三、法国——体育管理组织资源配置

法国体育管理组织资源配置是以"社会系统"为主，其组织体系渐已形成类似于"金字塔"型的组织结构，最上面是国家队，最下面是各地的青少年体育俱乐部。体育运动在法国极为普及，不同年龄阶段的少年儿童均有机会在当地的一些体育俱乐部接受启蒙训练，俱乐部中体育竞技能力突出者则有希望被送往巴黎和图鲁兹两地为高水平体育后备人才设立的专业俱乐部，从而接受系统、正规、严格的训练。每当法国各职业俱乐部需要补充新鲜血液时，他们就会到巴黎和图鲁兹这两个俱乐部里进行挑选。幸运者将成为各俱乐部的职业选手，从而真正地开始自己的职业体育运动生涯。

### 四、俄罗斯——体育管理组织资源配置

近年来，俄罗斯的体育管理组织资源配置模式正由"体育系统"一家办，逐步向与"社会系统"、"教育系统"共办、共管的方向过渡。目前，俄罗斯在全国22个地区设立了32所奥林匹克后备力量学校，把表现杰出的运动员集中到这类学校中进行专项训练，其后则使之职业化；在36个地区设立了64个高水平竞技运动技术学校，吸收普通竞技运动学校中有发展潜能的运动员。为了培养竞技运动后备人才，莫斯科市教委还组建了莫斯科市体育运动联合会。该联合会在全市设立了6个竞技运动教育综合中心，组织、管理一般学校的体育活动及俱乐部系统的活动，从而使学校体育与竞技体育紧密地结合在一起。据统计，目前莫斯科市已有15万青少年学生正在参加运动训练。近年来，俄罗斯也开始注重发挥行业系统和社会系统办体育的积极性，在各地方均设立了青少年体育运动俱乐部以开展群众性体育活动和培养体育后备力量。

### 研究小结：

1. 体育资源的优化配置是实现体育运动发展的必要条件。现阶段，我国

体育管理组织资源主要包括：人力、财力、物力、时间、信息等。

2. 我国体育管理组织系统中的"纵向"组织资源，在管理体系上是由"体育系统"的高、中、初级和"教育系统"的大、中、小学三级训练层次及"社会系统"的职业体育俱乐部与业余体育俱乐部构成。"横向"组织资源，在管理体系上包括"三系统"的成年阶段、青年阶段与少年阶段。

3. 在对"纵向"组织资源的分析过程中发现：

"体育系统"作为中国体育事业发展的重要支柱，其组织资源在运行过程中存在的主要问题为：运动员参训人数逐年滑坡；运动员流通机制不健全；运动员退役与就业安置问题亟待解决；教练员的学历结构、执教水平与经验有待提高；训练经费得不到保障、训练场地、训练条件亟待改善等。

"教育系统"拥有潜在和广阔的资源优势，但存在的主要问题为：大学生运动员的技术水平较低；教练员缺乏系统的体育理论知识学习与实践；训练经费与训练设施亟待补充与完善等。

"社会系统"的资源优势正处于逐步探索与开发阶段，对职业体育的认识还不够成熟。但中国体育走社会化与市场化的发展道路将成为必然选择。

4. 在对"横向"组织资源的分析过程中发现："体育系统"、"教育系统"、"社会系统"资源配置效率不高的主要症结归根结底是"体制"问题。在"体制"大背景影响下，表现为现阶段应亟待解决的"人、财、物力资源的合理利用"、"学与训"、"智与体"及"体育运动的职业化、社会化"等问题。

5. 世界各国的体育资源，由于其根植于不同的社会、政治、经济、文化、教育背景之下，因此产生了不同的体育管理组织资源的配置模式。在社会型体育管理体制下，体育管理资源主要依托于"社会系统"的体育俱乐部进行运作；在政府型体育管理体制下，体育管理资源主要依托于"体育系统"的专门组织机构进行运作；在政府与社会结合型的体育管理体制下，体育管理资源力图通过发挥"体育与社会"两者相结合的宏观与微观管理职能，提高组织资源的运行绩效。

# 第五章

## "后奥运时代"我国体育管理的组织系统优化配置构建设想

我国体育管理体制改革已经走过了半个多世纪的风雨历程，在新的历史条件下，现有的体制已暴露出诸多问题。解决这些问题的根本途径就是变革，而变革的"中心思想"应该始终围绕着"人本主义"和"科学发展观"。"人本主义"要求体育改革必须集思广义、考虑大多数人的利益、惠及尽可能多的力量；"科学发展观"则要求把体育的发展放至整个国民经济的发展之中通盘谋划，促使体育与国家整体国民经济保持长期、稳定、协调和可持续的发展。

现阶段，我国体育管理组织系统其内部的组织关系并不是简单的"1＋1＝2"的关系，在体育管理组织系统优化配置的情况下，即可以产生"1＋1＞2"的效果；在配置不佳的情况下，便产生了"1＋1＜2"的效果。成败的关键因素在于系统的整体功能是否得到了充分的发挥。是同心协力，还是异心分力；是协同作战，还是各自为战；是起到相加或相乘的作用，还是起到相减或相除的作用。系统原理认为："系统组织结构的重组，将对于组织资源的优化产生积极地影响。"

"后奥运时代"我国体育管理组织系统的优化与重组现已成为我国体育管理体制改革的重要内容。本文在前几章分别对我国体育管理组织系统的"纵、横"结构与组织资源分布情况进行了详细地分析与论证，并已找到了问题的症结所在。那么，如何规划现有的体育管理组织结构、如何配置现有的体育管理组织资源，力求以最少的投入达到最优的产出，将成为本章深入探讨的问题。

### 第一节　我国体育管理组织结构优化配置的构建设想

在对"我国体育管理组织结构优化配置模式"的构建过程中，本文将以

*135*

"系统原理"作为模式构建的主要依据，通过建立符合我国国情的体育管理组织结构，进而使各层次之间、各子系统之间、各环节之间、各纵向与横向之间更好地协调与沟通。

### 一、我国体育管理组织结构优化配置的基本原理

"系统的整体效应观即'1＋1＞2'效果"的存在，是引发本文对系统"结构"进行全面剖析与功能重组的重要依据。我国体育管理组织结构中的"纵、横"关系越复杂、越繁锁，越将阻碍体育管理组织系统的优化配置。在对我国体育管理组织"结构"优化配置模式进行构建之前，本节首先将对我国体育管理组织结构优化配置的基本原理进行简要地了解与回顾。

（一）组织的结构

"组织的结构"应具备以下三方面的基本特征[①]：1. 结构的稳定性，体现在系统内部联系的秩序性、有序性；2. 结构的层次性，即纵向等级性与横向多侧面性的相互交织；3. 结构的可变性，指系统的结构应具有开放性与动态性。

（二）组织结构设计

"组织结构设计"是指为实现决策目标而对组织层次、部门和责权进行的管理划分。有效的"组织结构设计"应具备以下基本特征[②]：1. 组织结构要有效率；2. 组织结构要具有灵活性和适应性；3. 组织结构要具备创新能力；4. 组织结构要有利于资源的开发与利用；5. 组织结构要有利于整合与协调。因此，一个合理的"组织结构设计"可以最大限度地保证设计结果的有效性。

（三）组织结构优化配置

组织结构优化配置所应具备的必要条件为[③]：其一，应明确影响组织结构优化配置的主要因素；其二，应分析影响因素产生的原因；其三，应确定优化配置的目标；其四，应确定优化配置模式的构建与具体实施方案；其五，应确定优化配置的评价方式。

### 二、"后奥运时代"我国体育管理组织结构优化配置的目标定位

"目标"，是根据组织的宗旨而提出的组织在一定时期内要达到的预期效

---

① 李健行. 系统科学原理与现代管理思维 ［M］. 湖南师大出版社，1994. 45.

② 秦椿林等. 体育管理学—高等学校教材 ［M］. 北京：高等教育出版社，2002. 56.

③ 施镇平. 资源配置与市场机制 ［M］. 北京：立信会计出版社，2000. 88.

果，是一个组织各项管理活动所指向的终点。"目标"为所有的管理决策指明了方向，并且可以把它作为标准来衡量实际工作的绩效。因此，"目标"是组织结构构建的基础。

（一）目标定位的基本导向

1. "组织结构"设计的核心观点——确立"普及与提高"相结合的方针

改革开放以后，特别是党的十六大、十七大把"全面建设小康社会"作为中国现代化建设的奋斗目标。这一目标的确立，充分显示出国家对群众体育工作给予的高度关注。随着人们经济收入的进一步增加、健康意识的进一步增强，必将加速全民健身运动的普及与开展，并对制定2008年北京奥运会后的体育方针产生积极的影响。因此，在2008年北京奥运会后，我国将更加重视和发展群众体育，并在组织结构设计及体育资源调配上予以倾斜，以促进群众体育的广泛开展。但是我们多年来在艰苦奋斗过程中所形成的竞技体育的辉煌成绩难道将淡出历史舞台吗？回答是"否定的"。因为随着小康社会的逐步实现，人们对竞技体育的发展也将提出更高的要求。毋庸置疑，竞技体育在弘扬爱国主义精神、增强民族凝聚力、推动群众体育普及、提高国民素质、促进体育消费、拉动内需、发展体育产业、刺激我国经济增长等方面均起到了积极的促进作用①。所以，在2008年北京奥运会后，我国的体育方针并不应该仅仅停留在讨论竞技体育与群众体育"孰轻孰重"的问题上，而应该坚定不移地走"普及与提高"相结合的中国体育可持续发展道路，并以此作为"后奥运时代"我国体育管理组织结构设计的核心观点。

2. "组织结构"变革的主导策略——重组"机构"与定位"职能"

"后奥运时代"体育管理组织结构变革是整个体育管理体制改革的核心问题。2008年北京奥运会后，我国社会经济体制越来越完善，社会必将呈现高度的现代化，而现代化最突出的表现就是社会高度的分化性，所以，我国体育管理组织结构变革也应该主动地适应这种分化，积极地探索政府管理型与社会管理型相结合的体育管理组织结构的最佳结合点，进而形成由国家宏观调控的、各类体育社会组织相互协调的体育管理组织结构，促进体育事业协调、持续、快速、健康地发展。因此，建立具有中国特色的、和谐的社会主义体育管

① 李金花. 试论2008年北京奥运会后我国的体育方针［J］. 山东体育学院学报，2005（6）：23~25.

理组织系统将是我国体育管理体制改革的必然选择。

为构建"后奥运时代"我国体育管理组织结构，其组织变革的核心思路应为：

其一，体制改革。在党的十四大确定了我国建立社会主义市场经济体制的改革目标后，原国家体委审时度势地明确了我国体育体制的改革方向应为改变原来在计划经济体制下，单纯地依赖国家和主要依靠行政手段办体育的高度集中的体育体制，建立与社会主义市场经济体制相适应，符合现代体育运动规律，形成国家办与社会办相结合，集中与分散相结合的格局。新世纪中国体育事业的改革与创新，必须始终坚持将体育体制从整体上纳入市场经济体制的框架之内。

其二，转变职能。依据我国体制改革的指导思想和目标，调整体育行政部门的管理权限，简政放权，体育行政部门的职能由过渡时期的管理体育和与社会共同办体育的方式，向服务体育、社会管办体育的方式转变，以宏观决策与监督为主要职责，通过各种控制手段调节体育的总体发展，从而实现"小政府"服务"大社会"的目的。而体育社团应从行政型向社会实体型转变，形成社会与市场自我调控模式①。

其三，创新机制。国家体育行政部门作为国务院事业单位，在运行机制上要和国家保持一致，坚持政事分开、政企分开，引入竞争机制、组织机制、法制机制和市场机制等。在管理方式上，由直接管理体育转变为宏观调控，弱化政府的微观职能，强化宏观职能②。

其四，完善立法。体育行政部门在间接管理体育的过程中，加强相关行政立法，规范各体育社团"管、办"体育的行为，建立体育管理法规体系，实现法制化管理。

3."组织结构"定位的主导方针——明确"方向与任务"

其一，进一步明确体育管理组织机构改革的方向。现阶段，应进一步明确政府和社会的事权划分，实现政事分开、管办分离，把不应该政府行使的职能和社会能够办的事情逐步转移给事业单位、社会团体和社会中介组织。强化管

---

① 张显军.我国体育管理体制现状及 2008 年奥运会后改革趋势［J］.体育文化导刊，2006（7）：12～14.

② 张显军.我国体育管理体制现状及 2008 年奥运会后改革趋势［J］.体育文化导刊，2006（7）：12～14.

理行政部门的宏观调控、社会行政和行业管理职能，建立办事高效、运转协调、行为规范的具有中国特色的体育管理组织机构。

其二，进一步完善运动项目持续发展的工作任务。现阶段应坚定不移地继续推进运动项目管理体制改革，建立适应社会主义市场经济体制、符合现代体育运动发展规律，社会化、产业化的体育管理体制，形成依托社会、自我发展、良性循环的运行机制。建立多种形式的体育俱乐部，使职业体育与非职业体育各成体系，互为依托，相互促进，形成管理规范、运转有序、发展稳定的组织体系。大力普及体育运动，不断扩大体育人口，发展适合新形势下群众体育活动开展所需要的新的组织形式和方法。进一步加强"教育系统"在体育后备人才培养方面的优势，探讨"体教结合"的体育运动组织模式。

其三，进一步深化运动项目管理体制的改革。运动项目管理体制改革是体育管理体制改革的中心环节。继续推动协会制改革、逐步理顺各级体育组织机构的关系，加快训练体制、竞赛体制等方面的配套改革，区别不同情况，扩大协会在机构设置、干部任免、经费使用、国际交流等方面的自主权，使协会逐步成为自主决策、自主管理、自我约束、自负盈亏的社团法人。全国各单项协会要进一步加强自身建设，建立健全组织机构、工作机制和规章制度，改变过去单纯依赖政府、主要依靠行政手段办体育的管理模式。

综上所述，经济全球化将使我国进一步加快体育管理组织结构变革的步伐。我国总体社会结构正在逐步调整，国家与社会各方面在体育领域内的责任、利益和权力将会得到重新分配，政府管理型体制也将被结合型或社会管理型体制所代替。从而也为我国体育管理组织结构变革指明了发展思路。

（二）目标定位的主体思路

依据我国体育管理体制改革的发展趋势，结合我国体育管理体制组织结构优化配置的基本导向，现阶段可将"后奥运时代"我国体育管理组织结构优化配置的目标定位为：近期目标与远期目标。

1. 近期目标

完成近期目标的具体时限为 2008 ~ 2012 年之间。之所以以该时间段做为完成近期目标的时段，其主要出发点为 2008 ~ 2012 年正是一个以四年奥运会为周期的时段。自 2008 年北京奥运会结束后，体育界将在"回顾过去、总结现在、立足未来、更新观念、锐意改革"思想的影响下，更深刻地思考与审视未来中国体育事业的发展走向。步入 21 世纪的中国体育，在历经 2008 年北京奥运会的洗礼后，已经受到太多来自外部与内部因素的影响与震憾。从其外因看，由于我国经济体制改革步伐的加快及体育全球化的影响，世界范围内的各大商业领域无不瞄准了我国潜在的、庞大的体育市场，随着世界奥林匹克运动会、美国 NBA、F1 方程式、网球"大师"杯及各项世界赛事的成功登陆，中国的体育运动已经逐步适应了市场、适应了外来的先进文化；从其内因看，我国的足球、篮球、排球及乒乓球已经进行了十余年的职业化联赛，其间虽然还存在着诸如管理体制、管理方式、管理权限及利益分配等亟待解决的问题，但随着国家宏观调控的加强及政府财政拨款的减弱，体育事业走产业化、社会化的发展道路将成为必然选择。四年的奥运周期，将成为我国体育界深化改革，明确目标，继外开来，进一步弘扬中国竞技体育所取得的优异成绩，确立"普及与提高"相结合的管理模式的重要阶段。

综上所述，现将我国体育管理组织结构优化配置的近期目标定位于：以建立普及与提高相结合的体育发展方针为原则，以政府型体育管理组织结构逐步向社会型体育管理组织结构变革为契机，合理调配与弱化"体育系统"的组织结构与组织资源，进一步强化"教育系统"与"社会系统"办体育的优势与条件。

2. 远期目标

完成远期目标的具体时限为 2013～2016 年之间。之所以将该时段做为完成远期目标的时段，其主要出发点为 2013 年中国军团已完成第 30 届奥林匹克运动会的备战任务，可以对近期目标 2008～2012 年体育工作的完成情况进行检验与认证，了解近期目标的执行情况，即在具体制定与实施过程中存在的问题与偏差，扬长避短、锐意改革。2013～2016 年将是一个新的奥运周期，从而也将是中国体育管理组织结构在总结"近期目标"的基础上，继往开来的关键时期。2016 年将是我国第十三个五年计划的首年，在经济全球化浪潮的影响下，我国的政治、经济、文化将全面与世界接轨，因此，以近期规划为基础，在完成远期目标的过程中我国的体育管理组织结构将实现跨越式发展，真正形成以体育社会化为导向的体育管理组织结构。

综上所述，现将我国体育管理组织结构优化配置的远期目标定位于：在国家宏观调控下，以"社会系统"办体育为组织平台，使我国体育运动全方位地走向社会化、市场化与产业化的运行轨道，建立"协会"制的组织运行网络。

### 三、"后奥运时代" 我国体育管理组织结构优化配置的构建模式

从我国现行的体育管理组织结构看，各系统的"纵向"结构较为明显，而"横向"结构相对紊乱，各系统之间缺乏有效的联系。从组织绩效看，无论是"纵向"还是横向，各层次权力分配不具体，职责不明确，缺乏有效的管理，使体育管理组织结构内部存在巨大的功能内耗。从社会体育管理体制看，在政府占据主导地位的社会体育管理体制下，社会体育本身缺乏"造血"功能，经济上不能自我创收，社会体育发展不能呈现良性循环的态势。从竞技体育管理体制看，"政事不分、管办一体、统得过死、管得过多"，从而抑制了社会办竞技体育的积极性，造成资金投入渠道单一，条块分割，多头管理，力量分散，宏观调控不力。针对上述问题，本文提出对我国体育管理组织结构优化配置的近、远期构建设想。

（一）我国体育管理组织结构优化配置的近期构建模式

以我国体育管理组织结构优化配置的近期目标为导向，本文提出"对我国体育管理组织结构优化配置的近期构建模式"。

1. 总体设想

根据我国体育管理目标和管理运行中存在的问题，依据系统科学方法，在近期目标设计过程中，本人认为宜采取"体育与教育、社会"三系统相结合的"三位一体"的管理模式，即充分调动"社会系统"和"教育系统"办体育的积极性，大力夯实学校体育和群众体育的基础，逐步提高竞技体育水平。在该管理模式中，国家体育总局将成为国家体育事业发展的宏观主导者，它将站在战略的高度对体育事业的整体发展进行指导与谋划。中华全国体育总会与中国奥委会则通过对其会员协会（包括单项运动协会、学生体育联合会、业余体育协会和职业体育协会），共同负责有关竞技体育、学校体育、群众体育以及职业体育的业务管理和服务工作（包括进行全民身体素质与健康水平的监测、竞技体育水平评估、组织奥运会代表团等），并为政府提供有关体育方面的咨询与建议。这些社会组织在我国体育管理中的角色既是政府的参谋，同时又是各类从事体育活动的实体与政府之间以及他们相互之间的沟通者、协调者和利益代言人。

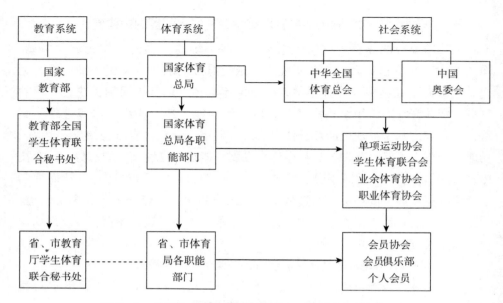

**图 5 – 1 我国体育管理组织结构优化配置的近期构建模式**

2. 实施方案

本文拟定的我国体育管理组织结构优化配置近期构建模式的具体实施期限为 2008 ~ 2012 年四年时间。近期结构设计过程中,本文通过多年来对我国体育管理组织结构历史沿革的分析及借鉴国外的体育管理经验,结合我国的具体国情,认为其近期组织结构构建模式应以稳步的、过渡的、渐进式的战略结构调整为主。进一步"强化体育系统的宏观管理职能、弱化微观管理职能",以此为平台,使"社会系统"逐步走向"办体育"的运行平台,并以"体教结合"为契机,进一步将"体育系统"的人、财、物力资源逐步向教育系统与社会系统进行融资,稳步推进"体育系统"组织结构变革的战略转移。

（1）"体育系统"近期纵向结构优化配置模式

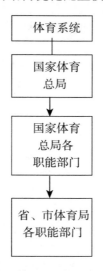

**图 5 - 2　"体育系统"纵向结构优化配置的近期构建模式**

　　"体育系统"近期"纵向"结构优化配置模式将以充分发挥政府"宏观行政管理职能"为导向，使国家体育行政机关真正地从行使具体的运动项目管理职能中解脱出来，将工作重点转移至国家体育政策、法规、制度等文件的制定上，并肩负起上级领导机关应履行的检查、监督与管理职能。在政府体育行政机关内，国家体育总局作为上级领导部门，通过其下设的各职能部门，宏观管理全国体育事业的发展大局；其下属的各省、市体育局负责将国家的体育方针、政策结合本地区的具体情况进行宏观管理与统筹实施。将近年来在国家体育管理体制改革过程中作为过渡阶段产物已形成的运动项目管理中心的组织机构设置予以撤消，取而代之的是使各单项运动协会真正地行使起运动项目管理的组织与运行职能，从而为"体育系统"进一步精减机构、精减编制、提高效率、明确责任创造条件。伴随着国家一级运动项目管理权限向协会制的转移，各省、市体育局也应逐步完成运动项目管理向协会制的转变，使各省、市体育局职能部门成为开展本省、市体育工作的宏观调控者和制定者。

（2）"教育系统"近期纵向结构优化配置模式

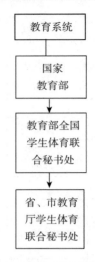

**图5－3　"教育系统"纵向结构优化配置的近期构建模式**

"教育系统"近期"纵向"结构优化配置模式的设置将以进一步理顺"教育系统"办体育的组织机构与组织职权为重点，将国家教育部现设立的教育部体卫艺司中对体育的管理职能逐步取消，真正地将教育部全国学生体育联合秘书处作为教育系统管理体育工作的核心机构，宏观管理全国大、中、小学体育运动，制定学校体育训练与竞赛工作的实施方案与操作规程，使学校体育逐步走向法制化、规范化的运行轨道。为形成上下衔接的学校体育管理体系，建议将沿袭多年的各省、市体卫艺处中设置的对体育的行政管理职能逐步取消，进而通过成立省、市教育厅学生体育联合秘书处形成既与中央上下对口衔接，又与地方学校体育工作上下对口呼应的学校体育工作管理渠道。另外，夯实基础、加大力度，在现有基础上，尽快组织与建立起规范、完备的大、中、小学协会制体育运动项目组织运行平台。此方案将对于强化"教育系统"的体育管理职能，优化组织结构与组织关系，使"教育系统"逐步走向中国体育事业发展的前台，具有重要的现实意义。

（3）"社会系统"近期纵向结构优化配置模式

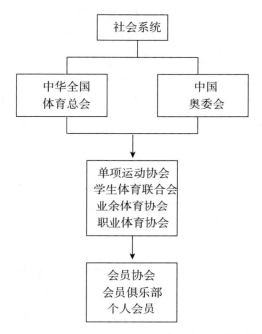

**图 5－4　"社会系统"纵向结构优化配置的近期构建模式**

　　"社会系统"近期纵向结构优化配置模式，将以实现优化"社会系统"的组织结构，使组织职能真正由"虚"变"实"，组织职权真正由"无"到"有"。在"社会系统"近期构建模式中，将使我国已沿续多年的国家体育总局与中华全国体育总会及中国奥委会"一个机构，几块牌子"的组织结构得到彻底的变革。使中华全国体育总会和中国奥委会与国家体育总局脱离，在国家体育总局与国家民政部门的宏观管理下，使中华全国体育总会和中国奥委会真正地成为社会体育的组织者与管理者。在近期目标设计中，中华全国体育总会与中国奥委会仍将行使"一个机构，两块牌子"的设置，其目的是为了在渐进阶段逐步地理顺两者之间的相互关系而采取的"温和"方式。中华全国体育总会通过其下属的协会具体地实施对各单项运动协会（运动项目管理中心应成为真正地具有法人资格的社会实体，与总局脱钩，解除其多年沿续下来的行政管理职能）、会员协会（行业体协、大学生体协等）、会员俱乐部（职业体育俱乐部、业余体育俱乐部等）、个人会员的日常管理、注册及各运动项目的训练、竞赛等活动。中华全国体育总会和中国奥委会将以"社会化"为导向，促进我国竞技体育事业与群众体育事业的协调与可持续发展，将体育运动逐步推向市场，运用产业化的运营手段，刺激融资，使各体育协会组织逐步实现"自主经营、自负营亏、自我造血"。在国家体育总局的宏观行政管理下，通过中华全国体育总会与中国奥委会的组织管理，使"体育与教育系统"的协会化功能得到大力的开发与有效的利用，使"体育系统"真正地从筹措人、财、物力资源的压力中解脱出来，为中国体育管理体制改革进一步与世界接轨营造时空保障。

（4）"三系统"横向结构近期优化配置模式

在对上述"三系统"近期纵向结构优化配置模式进行规划的基础上，本人认为，其近期"纵向"组织结构的合理规划，对于理顺"三系统"的"横向"关系也起到了积极地促进作用。在近期"横向"结构设计的过程中，将进一步突出"体育系统"的宏观管理职能，"社会系统"的微观管理职能及协会的组织运行职能；进一步突出"教育系统"的资源优势，以"体教结合"为过渡，逐步使"教育系统"成为体育后备人才培养的主渠道。通过进一步明确"三系统"的组织职能，理顺"三系统"的组织结构，进而使我国有限的组织资源得到更优化的配置与利用。

（二）我国体育管理组织结构优化配置的远期构建模式

以我国体育管理组织结构优化配置的远期目标为导向，本文提出"对我国体育管理组织结构优化配置的远期构建模式"。

1. 总体设想

本文在构建远期组织结构优化配置模式时，考虑到我国建立具有中国特色社会主义国家的基本国情及从计划经济走向市场经济的经济体制变革，其间的每一次改革、每一次发展都与政府的计划管理与宏观调控密不可分，中国体育事业多年来所取得的举世瞩目的成就，均与政府的真明诀策密不可分，因此，中国体育事业的可持续发展终究不能脱离政府宏观管理的轨道。所以远期结构设计的总体设想将以在国家行使宏观体育行政管理职能的基础上，以中华全国体育总会及中国奥委会作为操作平台，使群众体育与竞技体育在"普及与提高"相结合的基础上，得到长期、稳步的发展。

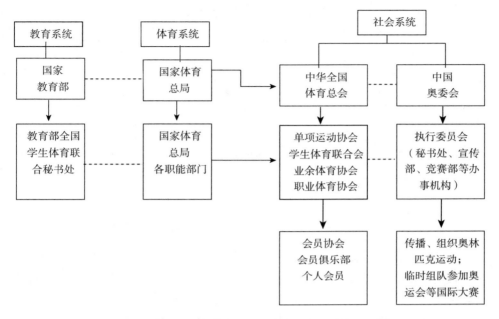

**图 5 - 5　我国体育管理组织结构优化配置的远期构建模式**

2. 实施方案

本文拟定的我国体育管理组织结构优化配置远期模式构建的具体实施期限为 2013 ~ 2016 年。在远期结构设计过程中，通过对近期运行模式的分析与研究，结合我国的具体国情，本文认为其远期组织结构模式应以体育社会化作为战略结构的调整平台，以国家行政管理机构国家体育总局统筹规划体育事业的发展方向、国家教育部统筹规划学校体育事业的发展方向，在其领导下，对社会系统的中华全国体育总会与中国奥委会进行宏观管理与调控。将国家体育总局的监管职能及中华全国体育总会与中国奥委会的运行职能落到实处，将中国体育事业管理纳入规范化、法制化的运行轨道，将中国体育事业全面推向社会、推向市场。

（1）"体育系统"远期纵向结构优化配置模式

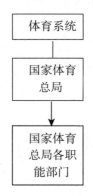

**图5-6　"体育系统"纵向结构优化配置的远期构建模式**

在"体育系统"远期"纵向"结构优化配置模式构建中，将本着精简机构、精简职能、提高效率、运转有序的原则，使"体育系统"内的组织机构得到进一步的精简，合理合并各行政部门。国家体育总局作为国家体育事业发展的宏观调控机构，主要通过其下属的各职能部门统管中国体育事业的发展全局。除国家一级设有体育行政职能部门外，各省、市体育局的体育行政管理职能将逐步被地方体育协会的协会制运转职能所取代，随着各省、市体育局的逐步撤消，进而真正地使中国的体育事业走向社会化的发展轨道。

（2）"教育系统"远期纵向结构优化配置模式

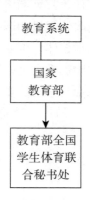

**图5-7　"教育系统"纵向结构优化配置的远期构建模式**

与"体育系统"远期"纵向"结构优化配置模式的设计思路相一致，在

"教育系统"远期纵向结构优化配置模式中，将使"教育系统"内的组织机构得到进一步精简，合理合并各行政部门。教育部全国学生体育联合秘书处作为国家学校体育事业发展的宏观调控机构，主要通过其下属的各职能部门统管学校体育事业的发展规划。除国家一级设有全国学生体育联合秘书处外，各省、市教育部门的体育管理职能将逐步被学生体育协会的协会制运行职能所取代，随着各省、市教育厅体育管理职能的逐步撤消，进而真正地使中国的体育事业走向社会化的发展轨道。

（3）"社会系统"远期纵向结构优化配置模式

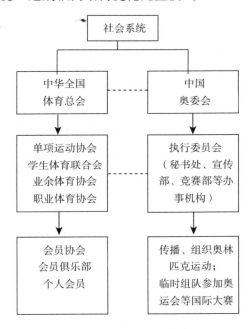

**图 5-8 "社会系统"纵向结构优化配置的远期构建模式**

随着我国体育事业改革进程的逐步成熟与完善，在"社会系统"远期"纵向"结构优化配置模式的设计过程中，"社会系统"将真正地、全面地担负起中国体育事业的发展重任。在国家体育总局的宏观管理下，中华全国体育总会与中国奥委会将以社会体育组织者的身份全面行使体育管理职能。中华全国体育总会将与中国奥委会从"一个机构，两块牌子"的过渡体制中分离出来，分工到位、责职明晰地行使各自的管理职能。中华全国体育总会通过其下属的各会员协会，将中国的体育事业推向社会化、市场化、产业化的运营渠道，贯彻"普及与提高"相结合的方针，将"奥运争光计划"与"全民健身计划"落到实处。中国奥委会的职能将真正由"虚"变"实"，作为代表中国传播、组织奥林匹克运动的合法组织及肩负中国竞技体育事业发展的对外联络的窗口，在国家体育总局的宏观调控下，与中华全国体育总会密切配合，互为补充，担负起承担与完成我国高水平运动队参与奥运会等国际大赛的备战与比赛任务，进而成为中国竞技体育事业发展的支撑组织。

（4）"三系统"横向结构远期优化配置模式

在"三系统"远期"横向"结构设计的过程中，由于体育管理的组织层次更加清晰、组织职能更加明确、组织关系更加协调、组织运转更加高效，因此，"系统"的"横向"结构也由"繁"变"简"。由于"社会系统"管与办体育的职能更加明确，因而我国也将进一步实现与国际体育管理体育结构的并轨。

## 第二节　我国体育管理的组织资源优化配置构建设想

资源的优化配置主要体现在体育管理组织系统运行过程中对人、财、物力等资源的合理利用。国家体育总局在《2001～2010年体育改革与发展纲要》中指出："青少年体育应以学校为重点，将提高运动技术水平和重视文化教育紧密地结合起来，保证运动员接受学历教育，进而从整体上完善与优化竞技体育人力资源。"《纲要》为我们指明了中国竞技体育人力资源匮乏的症结所在。"体育"与"教育"的分离，"体育"与"社会"的偏离，已成为造成我国体育事业人、财、物力资源"供不应求"的重要原因。因此，本文在构建"后奥运时代"我国体育管理组织结构优化配置的过程中，也将对我国体育人、财、物力资源的优化配置提出如下构想。

### 一、人力资源的优化配置构想

现阶段，"体、教"分离是造成我国体育事业人力资源匮乏的主要原因，因此，在构建设想中，本文将以"体教结合"与"体育社会化"为切入点，提出运动员与教练员的优化配置设想。

（一）人力资源——运动员

众所周知，"教育系统"具有生源优势、思想教育优势、文化教学优势与科研优势；"体育系统"具有技术优势、人才优势、经验优势、场地设施优势，为此，以体育管理组织结构优化配置为平台，形成"小学——中学——大学——职业体育"的体育后备人才培养模式，不但可以解决"体教矛盾"、"学训矛盾"，而且也可以使我国的运动员真正地成为"大学生运动员"，部分优秀选手将成为"职业运动员"。

（二）人力资源——教练员

多年来，"体育系统"教练员由于受待遇、前景、条件、水平等多种因素的影响，现阶段只有极少数的高水平教练员受聘执教于"教育系统"。但是随着我国体育管理组织结构优化配置战略的实施，"体育系统"的教练员队伍融入"教育系统"与"社会系统"将成为不可逆转的战略选择。为了尽快地使中国教练员的执教水平与世界接轨，还应在管理方式、管理制度、流通渠道、训练酬金、训练条件、训练保障等方面给予大力支持，通过逐步建立与完善教练员的岗位培训制度、教练员持证上岗制度及教练员技术等级考核制度等举措，进而规范、提高教练员的执教能力、执教水平与执教经验。

**二、财力资源的优化配置构想**

以体育管理组织"结构"优化配置为平台，"社会系统"将成为中国体育事业发展最坚强、最雄厚的财力支撑系统。通过发行体育彩票、体育赞助、职业体育、体育营销，开展有偿训练、有偿竞赛等多种形式广开财源，从而减少政府财政压力，使体育事业真正成为"取之于民、用之于民"、"取之有道、用之有道"的第三产业。

**三、物力资源的优化配置构想**

根据国家体育运动委员会第四届全国体育场地普查办公室资料，1995年末我国符合普查标准的615693个各类体育场地设施中，教育系统拥有413853个，约占全国体育设施总数的67％。也就是说，教育系统内已蕴涵了较为充分的物力资源，这也恰好符合我国体育管理组织结构优化配置的战略布局。另外，随着2008年北京奥运会的结束，我国大量体育场馆与设施的合理使用与后期开发也将成为我国物力资源优化配置的重要环节。为此，本文认为我国体育场馆设施走社会化、产业化的管理模式，将对于提高体育设施的应用价值与经济价值具有重要的意义。

**研究小结：**

1. "后奥运时代"我国体育管理"组织结构"设计的核心观点为：确立

"普及与提高"相结合的原则、重组体育管理组织"机构"、理顺体育管理"职能"、明确体育管理体制改革的"方向与任务"。

2. 依据我国体育管理体制改革的发展趋势，结合我国体育管理组织结构优化配置的基本导向，可将"后奥运时代"我国体育管理组织结构优化配置的目标定位为：近期目标与远期目标。

（1）近期目标的具体时限为 2008～2012 年间。近期目标定位为：以建立普及与提高相结合的体育发展方针为原则，以政府型体育管理组织结构逐步向社会型体育管理组织结构变革为契机，合理调配与弱化"体育系统"的组织结构与组织资源，进一步强化"教育系统"与"社会系统"办体育的优势与条件。

（2）近期构建设想为：以稳步的、过渡的、渐进式的战略结构调整为主体，进一步"强化体育系统的宏观管理职能、弱化微观管理职能"，以此为平台，使"社会系统"逐步走向"办体育"的运行平台，并以"体教结合"为契机，进一步将"体育系统"的人、财、物力资源逐步向教育系统与社会系统进行融资，稳步推进"体育系统"组织结构变革的战略转移。

（3）远期目标的具体时限为 2013～2016 年之间。远期目标定位为：以"社会系统"办体育为组织平台，使我国体育运动全方位地走向社会化、市场化与产业化的运行轨道，建立"协会"制的组织运行网络。

（4）远期构建设想为：以体育社会化作为战略结构调整平台，将国家体育总局的监管职能及中华全国体育总会与中国奥委会的运行职能落到实处，将中国体育事业管理纳入规范化、法制化的运行轨道，将中国体育事业全面推向社会、推向市场。

# 结　论

1. 我国体育管理组织结构的现状

（1）在对我国体育管理组织系统"纵向"结构进行论述的过程中发现：现阶段"体育系统"存在着国家体育总局与运动项目管理中心、运动项目管理中心与各省市体育局管理机构"衔接不顺"的现象；"教育系统"存在着地方教育厅体育管理工作"改革滞后"的现象；"社会系统"存在着中国奥委会、中华全国体育总会及地方体育协会作为名义组织，尚未对其赋予实际的管理职责与权利的现象。

（2）在对我国体育管理组织系统"横向"结构进行论述的过程中发现：现阶段制约我国体育管理组织系统整体运行的主要因素包括：中央层次——国家运动项目管理中心与运动项目协会及全国学生体育联合秘书处，地方层次——地方体育局与地方教育厅体卫艺处等，在"管体育"、"办体育"的过程中缺乏有效的沟通与联络，尚未建立起"优势互补"、"互惠互利"的良性运行渠道。

2. 我国体育管理组织资源的现状

（1）在对"纵向"组织资源的分析过程中发现："体育系统"作为中国体育事业发展的重要支柱，其组织资源在运行过程中存在的主要问题为：运动员参训人数逐年滑坡；运动员流通机制不健全；运动员退役与就业安置问题亟待解决；教练员的学历结构、执教水平与经验有待提高；训练经费得不到保障，训练场地、训练条件亟待改善等。"教育系统"拥有潜在和广阔的资源优势，但存在的主要问题为：大学生运动员的技术水平较低；教练员缺乏系统的体育理论知识学习与实践；训练经费与训练设施亟待补充与完善等。"社会系统"的资源优势正处于逐步探索与开发阶段，对职业体育的认识还不够成熟。

但中国体育走社会化与市场化的发展道路，将成为必然选择。

（2）在对"横向"组织资源的分析过程中发现："体育系统"、"教育系统"、"社会系统"资源配置效率不高的主要症结归根结底是"体制"问题。在"体制"大背景影响下，表现为现阶段应亟待解决的"人、财、物力资源的合理利用"、"学与训"、"智与体"及"体育运动的职业化、社会化"等问题。

3. "后奥运时代"我国体育管理组织系统的优化配置构想

（1）依据我国体育管理体制改革的发展趋势，可将"后奥运时代"我国体育管理组织结构优化配置的目标定位为：近期目标与远期目标。

（2）近期目标的具体时限为 2009～2012 年间。

其近期目标定位为：以建立普及与提高相结合的体育发展方针为原则，以政府型体育管理组织结构逐步向社会型体育管理组织结构变革为契机，合理调配与弱化"体育系统"的组织结构与组织资源，进一步强化"教育系统"与"社会系统"办体育的优势与条件。

其近期构建设想为：以稳步的、过渡的、渐进式的战略结构调整为主体，进一步"强化体育系统的宏观管理职能、弱化微观管理职能"，以此为平台，使"社会系统"逐步走向"办体育"的运行平台，并以"体教结合"为契机，进一步将"体育系统"的人、财、物力资源逐步向"教育系统"与"社会系统"进行融资，稳步推进"体育系统"组织结构变革的战略转移。

（3）远期目标的具体时限为 2013～2016 年间。

其远期目标定位为：以"社会系统"办体育为组织平台，使我国体育运动全方位地走向社会化、市场化与产业化的运行轨道，建立"协会"制的组织运行网络。

其远期构建设想为：以体育社会化作为战略结构调整平台，将国家体育总局的监管职能及中华全国体育总会与中国奥委会的运行职能落到实处，将中国体育事业管理纳入规范化、法制化的运行轨道，将中国体育事业全面推向社会、推向市场。

# 参考文献

［1］中国社会科学院语言研究所词典编辑室．现代汉语词典［M］．北京：商务印书馆，2003.

［2］李程伟．行政学基础教程［M］．北京：华文出版社，1999.

［3］夏征农．辞海［M］．上海：上海辞书出版社，1999。

［4］孙汉超等．实用体育管理学—体育院校专业教材［M］．北京：人民体育出版社，2004.

［5］戴忠恒．社会调查研究方法［M］．北京：人民出版社，1988.

［6］郑旗等．现代体育科学研究的理论与方法［M］．北京：人民体育出版社，2001.

［7］韩东等．体育管理学［M］．北京：人民体育出版社，1987.

［8］吴照云等．管理学原理［M］．北京：经济管理出版社，2003.

［9］秦椿林等．体育管理学—高等学校教材［M］．北京：高等教育出版社，2002.

［10］孙汉超等．实用体育管理学［M］．北京：人民体育出版社，2004.

［11］李健行．系统科学原理与现代管理思维［M］．湖南：湖南师大出版社，1994.

［12］潘大钧．管理学教程［M］．北京：经济管理出版社，2003.

［13］成刚．组织与管理原理［M］．上海：上海人民出版社，2002.

［14］施镇平．资源配置与市场机制［M］．北京：立信会计出版社，2000.

［15］历以宁．非均衡的中国经济［M］．北京：经济日报出版社，1990.

［16］丙明杰．管理学——现代的观点［M］．上海：上海人民出版社，1999.

［17］孙巍．生产资源配置效率［M］．北京：社会科学文献出版社，2000.

［18］李程伟．行政学基础教程［M］．北京：华文出版社，1999.

［19］姚裕群．人力资源开发与管理概论［M］．北京：高等教育出版社，2003.

［20］梁裕楷．人力资源开发与管理［M］．广州：中山大学出版社，1999.

［21］李艳翎．经济体制转轨时期中国竞技体育运行研究［M］．长沙：湖南师范大学出版社，2001.

［22］国家体委．现行体育法规汇编（1949～1988）［M］．北京：人民体育出版社，1990.

［23］钟秉枢．成绩资本和地位获得［M］．北京：北京体育大学出版社，1998.

［24］国家体委政策研究室主编．《体育运动文件选编（1949～1981）》［M］．北京：人民体育出版社，1982.

［25］尚东．体育事业管理百科［M］．长春：吉林音像出版社，2003.

［26］祁国鹰等．实用体育统计学［M］．北京：北京体育大学出版社，1995.

［27］杨铁黎．职业篮球市场论［M］．北京：北京体育大学出版社，2003.

［28］凌平．中美高校体育管理比较研究［M］．浙江：浙江大学出版社，2003.

［29］骆守俭．管理学基础教程［M］．北京：立信会计出版社，2001.

［30］宇土正彦［日］．体育管理学［M］．日本：日本东京大修馆，1984.

［31］David I. Cleland［美］著．系统化的管理［M］．中国台北：中兴经营管理顾问公司发行，1980.

［32］周三多等．管理学原理与方法［M］．上海：复旦大学出版社，1993.

［33］张林著．职业体育俱乐部运行机制［M］．北京：人民体育出版社，2001.

［34］张厚福．体育法理［M］．北京：人民体育出版社，2000.

［35］于显洋．组织社会学［M］．北京：中国人民大学出版社，2001.

［36］许文惠．行政管理学［M］．北京：红旗出版社，1992.

［37］刘忠等．市场经济与体育［M］．北京：北京体育大学出版社，2000.

［38］国家体育总局．体育工作情况［M］．北京：国家体育总局主办，1995～2003.

［39］国家体育总局．体育工作年鉴［M］．北京：国家体育总局主办，1949～2002.

［40］李习彬．政府管理创新与系统思维［M］．北京：北京大学出版社，2002.

［41］周登嵩．体育科研概论［M］．北京：北京体育大学出版社，1995.

［42］陈清泰．现代企业制度理论与实践［M］．北京：中国国际广播，1994.

［43］杨瑞龙．现代企业产权制度［M］．北京：中国人民大学出版社，1994.

［44］黄恒学．中国事业管理体制研究［M］．北京：清华大学出版社，1998.

［45］苗东升．系统科学精要［M］．北京：中国人民大学出版社，1998.

［46］叶德勋．社会主义市场经济理论教程［M］．上海：立信会计出版社，1994.

［47］伍绍祖．中华人民共和国体育史［M］．北京：中国书籍出版社，1999.

［48］鲍明晓．体育产业［M］．北京：人民体育出版社，2000.

［49］石磊．市场经济条件下的各国体育政策［M］．国家体育总局体育信息研究所，1998.

［50］卢元镇．中国体育社会学［M］．北京：北京体育大学出版社，1996.

［51］王浦劬．经济体制转型中的政府作用［M］．北京：新华出版社，2000.

[52] 魏纯镭.后奥运效应 [J].体育文化导刊,2006 (1).

[53] 于法稳.资源配置的驱动机制研究 [J].重庆大学学报,1999 (2).

[54] 李卞婴.奥林匹克运动与政治的关系 [J].武汉体育学院学报,2003 (1).

[55] 马涛.2008年北京奥运会"低谷效应"的预防 [J].成都体育学院学报,2006 (3).

[56] 胡永红."后奥运现象"及2008年奥运会的预防对策 [J].山东体育学院学报,2005 (3).

[57] 韩冰.2008年奥运会后中国体育管理体制改革的战略选择 [J].体育成人教育学刊,2006 (2).

[58] 岳峰.2008年北京奥运会后我国体育管理体制改革的研究 [J].贵州体育科技,2006 (1).

[59] 王家忠.后奥运我国竞技体育制度的思考 [J].巢湖学院学报,2005 (3).

[60] 张显军.我国体育管理体制现状及2008年奥运会后改革趋势 [J].体育文化导刊,2006 (7).

[61] 何玲.浅谈我国体育管理体制的改革趋势 [J].首都体育学院学报,2006 (4).

[62] 李艳翎.论我国竞技体育体制的渐进式改革 [J].体育科学,2002 (1).

[63] 齐书春.从社会分化看我国体育管理体制的衍变与发展 [J].南京体育学院学报,2003 (3).

[64] 杨桦.改革开放以来中国体育发展战略的演进与思考 [J].成都体育学院学报,2002 (3).

[65] 刘东锋.中国体育管理体制改革的路径选择 [J].成都体育学院学报,2005 (2).

[66] 肖林鹏.中国体育管理体制改革研究述评 [J].西安体育学院学报,2005 (1).

[67] 谢英.21世纪初我国竞技体育管理体制与运行机制研究 [J].西安体育学院学报,2002 (2).

[68] 于善旭.关于我国体育管理体制改革的战略构想 [J].山东体育学院学报,2001 (4).

[69] 姜君利.市场经济条件下我国体育管理体制的改革 [J].体育函授通讯,2002 (2).

[70] 肖进勇.现阶段我国体育行政管理改革的成效与不足 [J].成都体育学院学报,2000 (2).

[71] 王丽娟等.中国体育管理体制改二十年 [J].福建体育科技,2002 (6).

［72］运快生．对我国体育系统管理状况的调查分析与研究［J］．北京体育学院学报，2003（3）．

［73］郝勤．政府在体育发展中的地位与作用［J］．体育学刊，2004（2）．

［74］李宁．对我国析时期市级体育局组织构架的研究［J］．体育学刊，2004（1）．

［75］刘青．新时期政府在体育事业发展中的角色［J］．成都体育学院学报，2003（1）．

［76］王广虎．论我国体育社团改革的基础构建［J］．成都体育学院学报，2005（2）．

［77］裴立新．"集约化"是社会主义初级阶段我国体育资源合理配置与有效利用的必然选择［J］．西安体育学院学报，2001（1）．

［78］陈勇军．不同经济模式下体育资源的配置方式及评价［J］．南京体育学院学报，2001（6）．

［79］任海．论体育资源配置模式［J］．天津体育学院学报，2001（2）．

［80］任海．我国体育资源配置中存在问题及其原因探讨［J］．天津体育学院学报，2001（3）．

［81］任海．体育资源配置方式的改革与体育资源的开发［J］．天津体育学院学报，2002（1）．

［82］任海．体育资源利用的改革与体育资源配置改革的法规平台［J］．天津体育学院学报，2002（2）．

［83］肖林鹏．社会转型期竞技体育资源实施优化配置之必要性探讨［J］．西安体育学院学报，2002（2）．

［84］李金花．试论2008年北京奥运会后我国的体育方针［J］．山东体育学院学报，2005（6）．

［85］郝勤．论"举国体制"与《奥运争光计划》的关系［J］．体育文化导刊，2003（12）．

［86］方千华．全面建设小康社会时期的大众体育发展趋势分析［J］．福建体育科技，2004（1）．

［87］治学．我国未来竞技体育管理体制构想［J］．体育文史，2000（6）．

［88］许宗祥．构建服务型基层体育行政管理体系的研究［J］．广州体育学院学报，2006（1）．

［89］鲍明晓．关于建立和完善新型举国体制的理论思考［J］．天津体育学院学报，2001（4）．

［90］汤起宇等．省区市运动项目管理体制改革探略［J］．体育科学，1999（4）．

［91］卢元镇．论中国体育社团［J］．北京体育大学学报，1996（1）．

［92］田麦久．论 2020 年我国竞技水平的目标定位及实施策略［J］．体育科学，2002（3）．

［93］王凯珍．中国社会转型与城市社会体育管理体制变革［J］．北京体育大学学报，2004（4）．

［94］李晴慧．体育社团与体育体制改革［J］．体育学刊，2002（3）．

［95］梁俊雄．体育社团实体化发展新探［J］．体育科学，2001（1）．

［96］宋守训．雅典奥运会诸强金牌、奖牌、总分实力分析［J］．竞技体育信息，2004（10）．

［97］张人民．从比较中看我国单项运动协会制存在的问题［J］．体育文史，1995（2）．

［98］刘青．新时期政府发展体育事业的职能及职责的界定［J］．成都体育学院学报，2004（6）．

［99］马志和．我国单项运动协会的角色定位与制度变迁［J］．北京体育大学学报，2003（2）．

［100］牛森．对中、日、德三国大众体育管理体制模式的比较研究［J］．安徽体育科技，2005（4）．

［101］王力军．意大利体育管理体制的特点及其改革走向［J］．成都体育学院学报，2000（3）．

［102］孙斌．俄罗斯体育现状与问题分析［J］．河北体育学院学报，2004（3）．

［103］肖霞．苏联解体后俄罗斯竞技体育管理体制的发展研究［J］．体育与科学，2006（1）．

［104］潘志琛等．对英、法、德、澳四国竞技体育管理体制的考察与调研［J］．中国体育科技，2004（6）．

［105］赵澄宇．挪威与瑞典体育管理模式浅析［J］．北京体育大学学报，2000（3）．

［106］张江南．国际奥林匹克运动组织管理体制研究［J］．武汉体育学院学报，2003（1）．

［107］崔颖波．东京奥运会后的日本体育发展给我们的启示［J］．体育与科学，2004（4）．

［108］王健．新中国青少年业余体育训练的发展阶段与现状［J］．成都体育学院学报，29000（5）．

［109］潘前．中美体育后备人才培养体制初探［J］．西安体育学院学报，2003（3）．

［110］李彩秋．我国竞技体育后备人才培养误区扫描［J］．中国人才，2005（9）．

［111］俞继英．21 世纪我国竞技体育人才资源可持续开发的思考［J］．上海体育学院学报，2004（1）．

[112] 金宗强. 我国竞技体育后备人才培养的基础建设 [J]. 山东体育科技, 2002 (1).

[113] 陈林祥. 2010 年我国竞技体育效益投资体系的研究 [J]. 体育科学, 1999 (4).

[114] 蒋玲. 高校竞技体育管理体制的建设与发展研究 [J]. 北京体育大学学报, 2001 (4).

[115] 平杰. 普通高校"体教结合"提高大学生运动员质量的对策研究 [J]. 上海体育学院学报, 2001 (3).

[116] 王晓东. 由中美大学篮球联赛运行机制比较看 CUBA 可持续发展 [J]. 西安体育学院学报, 2004 (2).

[117] 侯伟. 中美高校竞技体育管理模式探析 [J]. 南京体育学院学报, 2005 (6).

[118] 梁建平. 对我国篮球职业化改革的思考 [J]. 北京体育大学学报, 1999 (2).

[119] 赵芳. 中、美职业篮球俱乐部之比较 [J]. 首都体育学院学报, 2001 (2).

[120] 宗卫锋. 我国篮球职业化的必要性和影响因素初步分析 [J]. 体育高教研究, 1996 (1).

[121] 马宣建. 我国体教结合政策的形成与发展研究 [J]. 上海体育学院学报, 2005 (2).

[122] 肖子亮. 中美高校竞技体育管理体制比较研究 [J]. 西安体育学院学报, 2005 (4).

[123] 张显军. 我国体育管理体制现状及 2008 年奥运会后改革趋势 [J]. 体育文化导刊, 2006 (7).

[124] 岳峰. 2008 年北京奥运会后我国体育管理体制改革的研究 [J]. 贵州体育科技, 2006 (1).

[125] 延峰. 俄罗斯体育运动近况 [J]. 首都体育学院学报, 2002 (3).

[126] 刘志敏. 中日竞技体育的兴衰与两国运动训练体制的比较 [J]. 体育与科学, 2002 (3).

[127] 郭维民. 体育后备人才管理和训练改革初探 [J]. 山东体育科技, 2000 (6).

[128] 孙克宜等. 试论体育管理体制与中国体育管理体制改革 [J]. 北京体育大学学报, 1995 (1).

[129] 孙汉超等. 运动训练管理系统及其功能初探 [J]. 福建体育科技, 1995 (3).

[130] 吴声洗等. 我国青少年体育训练和竞赛组织模式改革与创新对策的研究 [J]. 山东体育学院学报, 2001 (1).

[131] 周进强等. 职业体育俱乐部管理问题研究 [J]. 天津体育学院学报, 2002 (1).

［132］罗林．对欧洲体育俱乐部体制的研究［J］．北京体育大学学报，2002（3）．

［133］安儒亮．世界发达国家体育俱乐部概况［J］．西安体育学院学报，2001（4）．

［134］杜利军．匈牙利竞技体育管理体制改革走向初探［J］．体育科技信息，1994（1）．

［135］金仙女．韩国体育组织机构的发展现状及强化竞技体育的主要措施［J］．体育科技信息，1994（3）．

［136］杜利军．俄罗斯等国协会制改革的进展情况［J］．体育科技信息，1994（6）．

［137］熊茂湘．系统构建体育环境初探［J］．中国体育科技，2003（1）．

［138］孙洪涛．我国体育管理体制改革研究［J］．体育科学，1997（5）．

［139］朱琳．对我国体育治化的思考［J］．武汉体育学院学报，2002（3）．

［140］卢锋．体育系统的运行机制［J］．成都体育学院学报，2001（5）．

［141］崔丽丽．中国体育社团研究［J］．山东体育学院学报，2002（1）．

［142］张鲲．我国体育两大战略发展关系分析［J］．体育文化导刊，2001（6）．

［143］奚凤兰．对社会转型期"举国体制"的思考［J］．南京体育学院学报，2004（5）．

［144］韩建国．20 世纪末中国竞技体育的重大举措［J］．体育文史，2000（5）．

［145］刘玉林．我国篮球教练员现状剖析［J］．中国体育科技，1998（3）．

［146］范宏旗．对我国职业篮球俱乐部理想模式的研究［J］．武汉体育学院学报，2000（4）．

［147］潘前．竞技回归教育　完善举国体制［J］．体育学刊，2004（2）．

［148］李金花．试伦 2008 年北京奥运会后我国的体育方针［J］．山东体育学院学报，2005（6）．

［149］邓春菊．我国竞技体育人力资源配置模式研究［D］．湖南师范大学，2005.

［150］白喜林．对我国男子职业篮球俱乐部现状的调查研究［D］．北京体育大学，1999.

［151］李艳翎．经济体制转轨时期中国竞技体育运行的研究［D］．北京体育大学，2000.

［152］陈立华．竞技体育管理体制及其创新研究［D］．大连理工大学，2002.

［153］国家体委运动项目管理中心工作规范暂行规定［Z］．国家体委，1997－11－24.

［154］西方国家竞技体育的管理［Z］．国外体育动态，1993－2－15.

［155］日本体育的全面商业化［Z］．国外体育动态，1993－8－23.

［156］瑞典的体育组织与经费［Z］．国外体育动态，1993－6－14.

［157］俄罗斯体育运动的管理［Z］．国外体育动态，1993－4－24.

［158］改革进程中的俄罗斯竞技体育［Z］. 国外体育动态，1998 - 9 - 29. 。

［159］澳大利亚的体育发展战略［Z］. 国外体育动态，1998 - 9 - 8.

［160］德国大众体育的几个特点［Z］. 国外体育动态，1998 - 12 - 1.

［161］俄罗斯体育后备力量培养工作现状［Z］. 国外体育动态，1995 - 7 - 1.

［162］独联体各国体育管理体制的现状和特点［Z］. 国外体育动态，1993 - 1 - 11.

［163］国家体委关于深化改革，加快发展县级体育事业的意见［Z］. 国务院办公厅，1996 - 11 - 25.

［164］全国体育单项协会实体化改革研讨会纪要［Z］. 国家体委办公厅，1994 - 10 - 20.

［165］关于下发《国家体委关于体育体制改革的决定（草案）》的通知［Z］. 国家体委，1986 - 4 - 25.

［166］国家体育运动委员会职能配置、内设机构和人员编制方案［Z］. 中华人民共和国国务院办公厅，1994 - 3 - 16.

［167］体育事业十年规划和"八五"计划［Z］. 中华人民共和国体育运动委员会，1992 - 5 - 13.

［168］体育教练员职务等级标准［Z］. 国家人事部、国家体委，1994 - 11 - 4.

［169］体育运动学校办校暂行规定［Z］. 国家体委、国家教委，1991 - 7 - 8.

［170］关于改进业余体校竞赛的若干办法［Z］. 中华人民共和国体育运动委员会，1983 - 5 - 15.

［171］全国业余训练工作会议纪要［Z］. 中华人民共和国体育运动委员会办公厅，1992 - 12 - 7.

［172］国家体委关于加速培养高水平运动后备人才的指示［Z］. 国家体委，1986 - 4 - 15.

［173］关于进一步加强学校体育工作的意见［Z］. 中华人民共和国体育运动委员会，1983 - 5 - 15.

［174］全国学校体育工作座谈会纪要［Z］. 国家体委，1993 - 6 - 24.

［175］关于开展课余体育训练，提高学校体育运动技术水平的规划（1986 ~ 2000 年）［Z］. 国家教委、国家体委，1986 - 11 - 11.

［176］国家体育总局. 2001 ~ 2010 年体育改革与发展纲要［N］. 中国体育报，2000 - 12 - 19.

# 后　记

　　本文在研究过程中，曾得到了众多专家、学者、老师、朋友的热情帮助。正是由于他们提供了宝贵的经验、先进的思想、丰富的信息才使得本文得以顺利完成。对此，将永怀感激。

　　"后奥运时代"我国体育管理组织系统的优化配置研究是一个长期的、艰巨的、重要的战略性任务与课题。本研究对我国体育管理组织系统近期与远期组织模式的构建是在经过大量实证分析、研究、调查与论证的基础上提出的，作为一种近期与远期发展模式的构建设想，它还需要在具有中国特色的社会主义市场经济体制下不断地完善与创新。身为一名体育理论工作者，本人真诚地希望本研究内容能对探索具有中国特色的"后奥运时代"体育管理组织系统的优化配置提供积极地借鉴与参考。

# 附件1

## 《我国体育管理的组织系统现状构建》

### 专家调查问卷

尊敬的_____专家:

为进一步完善本研究的理论支撑体系,本人专门设计了这份《我国体育管理的组织系统现状构建》的调查问卷。作为专家,您的经历与观点将对本研究产生重要的影响与指导。因此,恳请您在百忙之中填写此问卷。您提供的信息没有对错之分,请您如实填写自己的观点。

对您的大力支持与帮助深表谢意!祝您身体健康、万事如意!

---

填表说明:

请您根据实际情况和自己的意见对调查表中所列的问题逐项给予回答,并在与您的意见相符的选项上打"∨"。如果您还有更好的提议或建议,请在"_____"处补充。

1. 您认为应用"系统原理"来分析我国体育管理组织系统的优化配置是否合理?

A. 合理　　□　　B. 基本合理　　□　　C. 不合理　　□

如果您认为"不合理",那么您的建议是:_____

_____。

---

背景材料:

系统原理:是指为实现系统的目标,运用系统理论,对管理对象进行系统地分析与概括。系统原理的理论依据是系统理论中的整体效应观。①

---

① 孙汉超等.《体育管理学》体育院校通用教材 [M]. 北京:人民体育出版社,2001. 26.

2. 您认为应用"资源优化配置"理论作为"后奥运时代"我国体育管理组织系统构建的理论支撑是否合理？

A. 合理 ☐ B. 基本合理 ☐ C. 不合理 ☐

如果您认为"不合理"，那么您的建议是：＿＿＿＿＿＿＿＿＿＿＿

＿＿＿＿＿＿＿＿＿＿＿＿＿＿＿＿＿＿＿＿＿＿＿＿＿＿。

背景材料：

相关专家对"资源优化配置"理论的阐述：（1）于法稳等认为："资源优化配置是指在一定社会经济条件下，按照一定比例将各种资源实行组合和再组合，生产和提供各种产品和劳务以满足各种社会需要的经济活动。"（2）我国著名经济学家厉以宁指出："资源优化配置是指经济中的各种资源（包括人力、物力、财力）在各种不同的使用方面之间的分配"。（3）丙明杰认为资源优化配置是："根据组织目标和产出物内在结构的要求，在量、质等方面进行不同的配比，并使之在产出过程中始终保持相应的比例，从而使产出物成功产出"。

3. 您认为以下对"体育管理组织"概念的解释是否准确？

"体育管理组织"是指体育运动管理机构、部门等的综合体，是指体育运动组织体系及组织职能而言。

A. 准确 ☐ B. 基本准确 ☐ C. 不准确 ☐

如果您认为"不准确"，那么您的建议是：＿＿＿＿＿＿＿＿＿＿＿

＿＿＿＿＿＿＿＿＿＿＿＿＿＿＿＿＿＿＿＿＿＿＿＿＿＿。

4. 您认为以下对"组织结构"概念的解释是否准确？

"组织结构"是指为了有效地实现体育运动的既定目标，通过建立体育管理组织机构，确定工作职责、权限，协调相互关系，使组织系统诸要素合理有效地配合，形成一个有机整体的活动过程。组织结构即：体育管理组织的表现形式、组织关系、权限划分、运行方式等。

A. 准确 ☐ B. 基本准确 ☐ C. 不准确 ☐

如果您认为"不准确"，那么您的建议是：＿＿＿＿＿＿＿＿＿＿＿

＿＿＿＿＿＿＿＿＿＿＿＿＿＿＿＿＿＿＿＿＿＿＿＿＿＿。

5. 您认为以下对"组织资源"概念的解释是否准确？

"组织资源"包括两方面的涵义：其一，从静态方面考察体育组织资源，指在体育组织系统内存在的人、财、物力等资源；其二，从动态方面考察体育组织资源，是把体育组织作为一个过程来理解，即在这一特定的体育组织过程中，对人、财、物力等资源进行的组织实施。

A. 准确　　□　　B. 基本准确　　□　　C. 不准确　　□

如果您认为"不准确"，那么您的建议是：＿＿＿＿＿＿＿＿＿＿＿＿

＿＿＿＿＿＿＿＿＿＿＿＿＿＿＿＿＿＿＿＿＿＿＿＿＿＿＿＿＿。

6. 您认为下图对"我国体育管理组织结构现状的构建"是否合理？

A. 合理　　□　　B. 基本合理　　□　　C. 不合理　　□

如果您认为"不合理"，请您直接在图示上进行修改和补充。

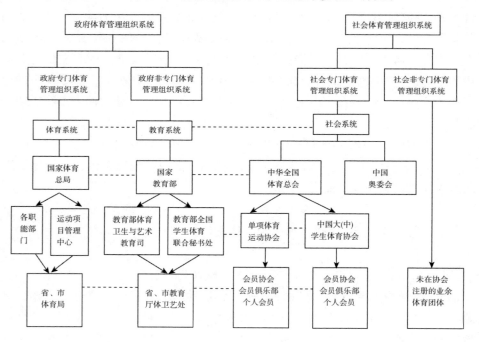

7. 您认为下图对"我国体育组织资源分布现状的描述与构建"是否合理？

A. 合理　　□　　B. 基本合理　　□　　C. 不合理　　□

如果您认为"不合理"，请您直接在图示上进行修改和补充。

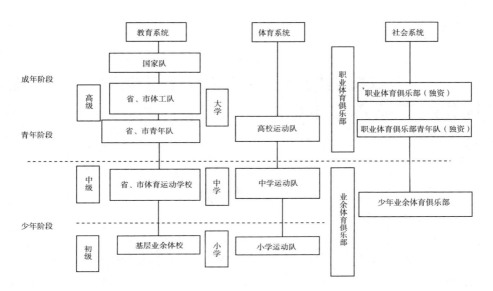

问卷到此结束，再次感谢您的帮助！

# 附件2

## 《"后奥运时代"我国体育管理的组织系统优化配置模式构建论证》

### 专家调查问卷

尊敬的＿＿＿＿＿＿专家：

由于本论文现已进行到对"后奥运时代我国体育管理的组织系统优化配置构建设想"的设计、论证与研究阶段。因此，恳请您在百忙之中对该构建设想的准确性、合理性、全面性、应用性给予评价，并提出您的宝贵意见。您的意见与建议将对本研究具有重要的参考价值。

一、对"后奥运"时代我国体育管理组织系统优化配置模式的构建设想

现阶段，依据我国体育管理体制改革的发展趋势，结合我国体育管理体制组织结构优化配置的基本导向与基本方针，可将"后奥运时代"我国体育管理组织系统优化配置的目标定位为：近期目标与远期目标。

（一）近期构建模式

"后奥运时代"我国体育管理组织系统优化配置的近期构建模式

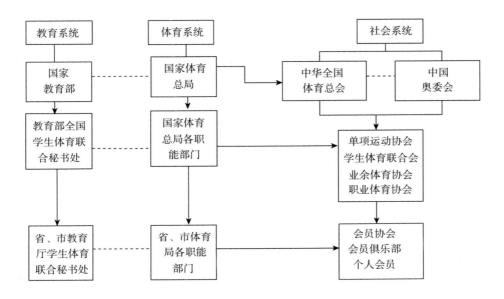

您对该近期构建模式的总体评价是：A. 合理　　B. 基本合理　　C. 不合理

如果您认为"不合理"，那么您的建议是：_____

_____

背景材料：

近期目标的具体时限为 2009～2012 年间。其近期目标定位为：以建立普及与提高相结合的体育发展方针为原则，以政府型体育管理组织结构逐步向社会型体育管理组织结构变革为契机，合理调配与弱化"体育系统"的组织结构与组织资源，进一步强化"教育系统"与"社会系统"办体育的优势与条件。其近期构建设想为：以稳步的、过渡的、渐进式的战略结构调整为主体，进一步"强化体育系统的宏观管理职能、弱化微观管理职能"，以此为平台，使"社会系统"逐步走向"办体育"的运行平台，并以"体教结合"为契机，进一步将"体育系统"的人、财、物力资源逐步向教育系统与社会系统进行融资，稳步推进"体育系统"组织结构变革的战略转移。

（二）远期构建模式

"后奥运时代"我国体育管理组织系统优化配置的远期构建模式

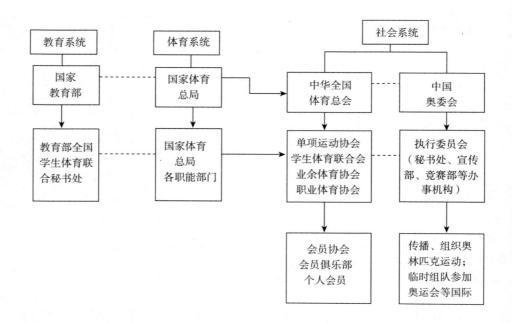

您对该近期构建模式的总体评价是：A. 合理　　B. 基本合理　　C. 不合理

如果您认为"不合理"，那么您的建议是：＿＿＿＿＿＿＿＿＿＿＿＿

＿＿＿＿＿＿＿＿＿＿＿＿＿＿＿＿＿＿＿＿＿＿＿＿＿＿＿＿＿＿＿＿

背景材料：

远期目标的具体时限为 2013～2016 年间。其远期目标定位为：以"社会系统"办体育为组织平台，使我国体育运动全方位地走向社会化、市场化与产业化的运行轨道，建立"协会"制的组织运行网络。其远期构建设想为：以体育社会化作为战略结构调整平台，将国家体育总局的监管职能及中华全国体育总会与中国奥委会的运行职能落到实处，将中国体育事业管理纳入规范化、法制化的运行轨道。将中国体育事业全面推向社会、推向市场。

再次感谢您的帮助！谢谢！